JN174000

介護職のための医療的ケアの知識と技術

ポートフォリオを活用して自らの成長を育む

平澤　泰子
小木曽 加奈子

【編著】

学 文 社

　「介護」を家族だけでなく，社会全体で支えようと「介護保険制度」がスタートしてから16年が経ちました．その間，現場ではさまざまな課題が生じ，それを一つひとつ解決しながら今日を迎えています．

　介護福祉士は，介護保険制度の大きな役割を担っている専門職の一つですが，「求められる介護福祉士」の役割も時代の流れとともに変化してきています．介護保険制度発足当初は，2001年に世界保健機関（World Health Organization）がすべての人を捉えるさまざまな職種の共通用語として提唱した国際生活機能分類（International Classification of Functioning, Disabilities and Health）の考え方が導入され，利用者の「できない」から「できる」ところに視点をあてるという変革がなされました．具体的な支援内容も，「利用者の手助けをする」から「利用者の自立を支援する」ことに発展し，今日では，現場からの要請もあって「痰の吸引」や「経管栄養」といった「医療的なケア」も求められるようになりました．

　これは，高齢者の増加に伴い，医師や看護師だけでは担いきれない医療的なケアへ介護職が参入せざるを得ない状況からのことでした．現実には，養護施設や教育の場においては教員が，介護施設においては介護職員がやむを得ず実施している状況も踏まえての変革でした．さらに，近年保留されていた介護療養型医療施設の廃止によって，医療的ケアを必要としている高齢者の多くが施設や在宅に戻るであろうことを推定してのこともあるわけです．

　介護福祉士養成校の皆さんは，「こころとからだ」や「介護」の領域で，すでに体のしくみや感染症などを学んでいますが，さらに新しい領域の「医療的ケア」で，痰の吸引や経管栄養を学び，専門性を高めることが必要とされています．

　本書は，「医療的ケア」を痰の吸引や経管栄養だけでなく，幅広く捉え，実際に現場で働く看護職や介護職が，介護福祉士養成課程で学生に学んできて欲しいと認識している項目や内容を参考にして作成したものです．「バイタルチェックの方法と実践」，「排泄を促す方法と実際」，「爪の構造」，「高齢者が罹患しやすい病気や薬」，「痰吸引や経管栄養の実際」等について，図表を用いてわかり易く記述してあります．また，本書では，介護福祉士に求められる「人としての成長」を身につける方法と実践を取り入れました．それは，実際の介護施設での介護福祉実習に，「ポートフォリオ」の手法を用いてリフレクションを行い，自分自身を深める実践的手法です。

　本書が介護福祉士を志す学生の皆さんの，そして現場に出た後の皆さんの学びの一助となることを心から願っています．

2016年 7 月

平澤　泰子

目　　次

第1章　介護に求められる医療的ケア

第1節　介護に対する社会的ニーズ

1　「介護」という概念

1　介護とは

　わが国で「介護」という言葉が使われるようになってから，まだ日が浅い．そのため，「介護」の概念は定着しておらず，さまざまな解釈がなされ，また時代とともに変化している．

　大辞林（松村，1988）によると，「介」は「間に入る．たすける」，「護」は「まもる．まもり」とあり，「介護」は「病人を介抱し，世話をすること」とある．また，社会福祉用語辞典（2010）では，「介護は，身体的・精神的障害のために日常生活に支障がある場合に，日常生活行動の介助や身の回りの世話をすることをいう」とある．

　法律においては，老人福祉法（1963（昭和38）年7月11日法律第133号）第10条の4「居宅における介護等」の介護の内容について，「身体上又は精神上の障害があるために日常生活を営むのに支障があるものにつき，…（中略），その者の居宅において入浴，排せつ，食事等の介護その他の日常生活を営むのに必要な…（中略）ものを供与し」とある．また，社会福祉士及び介護福祉士法（1987（昭和62））においても，介護福祉士は「専門的知識及び技術をもって，身体上又は精神上の障害があることにより日常生活を営むのに支障がある者につき入浴，排せつ，食事その他の介護を行い（2007（平成19）年の改正で「心身の状況に応じた介護」に見直された），並びにその者及びその介護者に対して介護に関する指導を行う」としている．

　介護は英語で示すと care であるが，広井（2003）は，介護＝care（ケア）を，「その人のいうことを「聴く」こと，あるいは「ただそばにいること」にケアのもっとも深い本質があるのではないか」と述べている．

　このように法律や辞典では，「介護」を，「日常生活を営むのに支障がある者に必要な援助をする」と定義しているが，必要な援助をすることを意味するものは広く，今日では具体的に自立した生活を支援すること，人間の尊厳を守る，医療的なケアを実施することなどさまざまな事象を含んでいる．つまり，高齢あるいは心身に障害の有無にかかわらず，要介護者や要支援

者（以下　要介護者等）が自分らしく生きることを支えることといえる．今後は，時代の流れとともにさらに進化していくものかもしれない．

② 介護の専門性

　長い間家族が担ってきた介護が，介護保険制度のもとで，介護の専門職による公的な介護サービスとして利用する者（以下　利用者）に提供されるようになった．そこには，家族等によるこれまでの経験や勘に頼る介護ではなく，専門的な知識や技術をもった介護の専門職による，科学的な根拠に基づいた介護の提供が求められている．しかし，介護の専門職である介護福祉士は名称独占であり業務独占ではないため，介護福祉士という名称を用いなければ，誰でも介護サービスを利用者に提供できる．国家資格である介護福祉士も含めて介護職が，介護という言葉や理念を確固たる位置づけを示すには，まだまだ時間を要することになるであろう．介護が必要な高齢者や障害者の多くは，医療的ケアが必要である場合が多い．そのため，介護職はさまざまな領域の学びを深め，多職種と協働しながら介護を実践していくことが必要となる．

　実践について同じ「ケア」という括りで考えると，国家資格である看護師は，その萌芽は古くナイチンゲールの時代にさかのぼる．看護師は現在，看護という言葉や理念を確固たる位置づけを示し，揺るがない専門職として位置づけられている．それは日本という狭い地域のなかでの活動ではなく，グルーバルな方向性をもっていたことにゆえんする．そして現在も，1899（明治32）年に設立された国際看護師協会（International Council of Nursing：ICN）が中心となって，看護の専門性を常に意識して，看護に関するさまざまな活動を世界規模で実践している．このように専門性は，一夜にして築かれるものではなく，日々人びとのニーズに合わせて絶え間なく構築しつづけていくものである．

　今や，高齢化や介護の問題は日本だけでなく，さまざまな国ぐにににおいても大きな課題となっているが，高齢者や介護に関する先進国である日本は，介護の言葉や理念についての合意（コンセンサス）をリードし構築していかなければならない立場にある．社会福祉士及び介護福祉士法や介護保険制度など既存の枠組みを越えて介護を捉え，介護の専門性の確立を図るべき大きな転換期を迎えているといえる．

③ 介護を取り巻く活動領域

　介護を取り巻く活動領域は広い．高齢や障害あるいは疾病のために自分らしい生活を送ることに支障がある人に対し，自立した生活が継続できるように支援するには，日常生活を送るのに必要な衣・食・住，抱えている疾病や障害への理解や管理も必要となる．また，日常生活を営む上での動作の支援や，福祉的な相談支援も必要となる．介護を取り巻く領域は「医療」

「看護」「社会福祉」「介護サービス」「家族」「教育」など，さまざまな活動領域が相互に理解し，関連・連携が必要となる．つまり，これらさまざまな活動領域を含むものが利用者の生活であり，介護職は介護の領域をしっかり認識して活動することが重要となる．

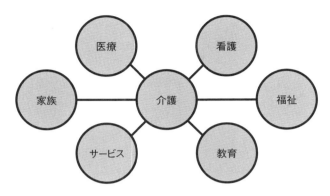

図1-1　介護を取り巻く領域

出典）介護福祉士養成講座編集委員会編『介護概論』中央法規，1988，p.41.

2　介護に関わる職種と求められる役割

　介護を必要としている利用者の多くは，何らかの疾病や障害をもっており，疾病の治療や機能訓練には，医師や看護師・理学療法士や作業療法士などの医療専門職との関わりが必要である．また，住み慣れた地域で暮らし続けるときや，施設入所が必要になったときに，相談できる福祉専門職との関わりが必要となる．一人の利用者の生活を支援するためには，さまざまな領域の専門職が関わり，連携していかなければならない．

① 医　師
　医師法第1条で，「医師は，医療及び保健指導を掌ることによって公衆衛生の向上及び増進に寄与し，もって国民の健康な生活を確保するものとする」とあり，医師の定義がなされている．主治医・かかりつけ医には，治療の継続や再発予防，病状管理等の役割が求められている．また，これらの医師は，在宅生活において患者に病状悪化や身体機能の低下がみられた時には，適切な専門機関への紹介を行う等重要な役割を担っている．

② 看護師
　保健師助産師看護師法第5条で看護師とは，「厚生労働大臣の免許を受けて傷病者や褥婦に対する療養上の世話，または診療の補助を行うことを業とする者」とある．病院や福祉施設などの施設での看護や，在宅での訪問看護や訪問入浴などで関わる．看護師は利用者の病状や治

療の処置方法を把握しており，健康管理上の注意点などの情報提供を行い，異常があった時には適切なアドバイスを行うことが求められる．また，施設や在宅では，医師や介護職員等との密接な連携が必要となる．

③ 理学療法士

　理学療法士及び作業療法士法第2条で，理学療法とは，「身体に障害のある者に対し，主としてその基本的動作能力の回復を図るため，治療体操その他の運動を行わせ，及び電気刺激，マッサージ，温熱その他の物理的手段を加えること」とあり，理学療法士（Physical Therapist：PT）は「医師の指示の下に，理学療法を行うことを業とする者」とある．理学療法士は，起き上がりや立ち上がり，歩行などの基本的動作の回復を図るため，リハビリテーションを行い，自立した日常生活が送れるよう支援する．身体機能の評価や，家屋状況の把握といった役割が求められる．

④ 作業療法士

　理学療法士及び作業療法士法第2条で，作業療法とは，「身体又は精神に障害のある者に対し，主としてその応用的動作能力又は社会的適応能力の回復を図るため，手芸，工作その他の作業を行わせること」とあり，作業療法士（Occupational Therapist：OT）は「医師の指示の下に，作業療法を行うことを業とする者」とある．作業療法士は，応用的動作能力や社会的適応能力の回復を図るため，手芸・工作等の作業を行う支援をする．自助具など福祉機器の開発や，自宅で生活するための住宅環境の改善といった役割が求められる．

⑤ 言語聴覚士

　言語聴覚士法第2条で，言語聴覚士（Speech-language-hearing Therapist：ST）とは，「厚生労働大臣の免許を受けて，言語聴覚士の名称を用いて，音声機能，言語機能又は聴覚に障害のある者についてその機能の維持向上を図るため，言語訓練その他の訓練，これに必要な検査及び助言，指導その他の援助を行うことを業とする者」とある．言語聴覚士は，利用者が意志伝達をスムーズに行えるように，また食事が適切に摂取できるように，検査や評価を行い，機能訓練や指導等を実施し，利用者を支援している．介護職と細やかな連携を取っていくことが求められる．

⑥ 社会福祉士

　社会福祉士及び介護福祉士法第2条で，社会福祉士とは「専門的知識及び技術をもって，身体上もしくは精神上の障害があること，または環境上の理由により日常生活を営むのに支障が

ある者の福祉に関する相談に応じ，助言，指導，福祉サービスを提供する者又は医師その他の保健医療サービスを提供する者その他の関係者との連携及び調整その他の援助を行うことを業とする者」とある．社会福祉士は，経済的問題，虐待といった福祉課題を抱えた利用者からの相談に応じ，自ら解決するための支援や，解決できない場合は適切な機関への橋渡しを行う役割が求められる．また，社会資源の調整や開発，ネットワーク形成などの地域福祉への役割も求められている．

⑦ 介護支援専門員

　介護保険法第7条第5項で，介護支援専門員とは，「要介護者等からの相談に応じ，及び要介護者等がその心身の状況等に応じ適切な居宅サービスまたは施設サービスを利用できるよう，居宅サービス事業所や介護保険施設等との連絡調整等を行う者であって，要介護者等が自立した日常生活を営むのに必要な援助に関する専門的知識及び技術を有する者」とある．

　介護支援専門員は利用者のケアマネジメントを担っており，さまざまな職種との連携，連絡調整を図る役割を担っている．

⑧ 他職種との連携

　上記のように，介護にはさまざまな領域の専門職が関わっている．介護職は利用者の生活全体を支える職種であり，支援するなかでさまざまな課題が発生する度にその領域の専門職に相談することとなる．それぞれの専門職の特性を理解し，その専門性を尊重し，それぞれの役割を自覚して，専門性を発揮できるよう相互に連携するチームケアを行っていくことが大切である．

第2節　介護を取り巻く現状

1　家族を取り巻く介護環境の変化

　2014（平成26）年の厚生労働省「国民生活基礎調査」によると，65歳以上がいる世帯は2,357万世帯（全世帯の46.7%）で，そのうち高齢者（単独および夫婦のみ）だけからなる世帯は全世帯の約47.5%を占めている．1975（昭和50）年の高齢者のみの世帯が21.7%であったことからみれば，高齢者世帯の比率はこの30余年間で倍増したことになる．

　これを世帯構造別にみると，もっとも多いのは夫婦のみの世帯で65歳以上の者のいる世帯の30.7%を占めている．また65歳以上の高齢者の単独世帯は25.3%と1986（昭和61）年の13.1%からみると倍近く増加している．一方，親・子・孫が同居する三世帯は13.2%となり減少傾向に

ある．平均世帯人員は1975（昭和50）年では3.35人であったが，2014（平成26）年は2.49人と3人を下回っている．このような傾向は今後も引き続くと推計されている．

このような背景には，平均寿命の伸びにより子どもが独立した後の期間が長くなったこと，家族意識が変化したことにより，老後は子どもに頼らず生活をしたいという高齢者が増加してきたこと，都市部を中心とした住宅事情のため三世帯同居が困難になってきていることが考えられる．これらの背景は家族による介護が不可能または困難をきたす世帯が増加することを意味し，介護を社会全体で支える介護保険の創設になった要因のひとつである．

現在の家族関係として，2014（平成26）年の『高齢社会白書』によれば，年齢別にみた同居の主な介護者と要介護者等の割合の年次推移は，65歳以上同士は51.2％，75歳以上同士は29.0％と年々増加している．

2　介護者の状況

少子高齢社会の進展は，ライフサイクルにもさまざまな影響を及ぼしている．大正期では女性は10歳代後半から20歳代後半で結婚し，すべて子どもを産み終わるまでの出産期は長く，子の扶養期間も長かった．子育てが一段落する時，母親は50歳代となり，その頃の平均寿命から考えると残された人生は10年余りとなる．父親は55歳で定年を迎え，残された人生はわずかであり，子どもが老親を介護する期間は父親が退職して，母親が死ぬまでと短かった．

近年，女性の初婚年齢は年々高くなり，子どもの数も減り，出産期間も子どもの扶養期間も短くなった．子どもが自立する時期からみても平均寿命までの残された期間は30年以上と長く，その2分の1から3分の1の期間は子どもにとっては老親の扶養期間となり扶養役割の増大を意味する．

世帯構造の変化としては，三世代世帯や平均世帯人員の減少は家族の問題解決力や危機対応能力の脆弱化を意味している．これによって，老親の看護・介護という課題や役割が派生すると家族介護力の低下から老老介護を余儀なくされたり，家族間では解決できない問題も生じ，看護・介護ニーズが増加してきている．

老親扶養に対する子どもの意識について，1963（昭和38）年では，「良い習慣」，「子どもとして当たり前の義務」と考える者は合わせて75％程度を占めていたが，1986（昭和61）年を境にそのような考え方は急激に減少した．逆に「施設・制度の不備ゆえ止むを得ない」，「良い習慣だと思わない」と否定的に考える者が増加している（毎日新聞社人口問題調査編，1998）．また，「自分の生活力に応じて親を養う」と考えている子どもが多く，現実的には，老親の扶養については困難と考える子ども世帯家族の実態が窺える（内閣府政策統括官，2009）．

3　高齢者の看護・介護とその課題

　2013（平成25）年の「国民生活基礎調査」では，要介護者の約70％が同居の親族によって介護されていることを報告している．その主たる介護者は，「配偶者」26.2％，「子」21.8％，「子の配偶者」11.2％となっており，また介護に関わる女性の割合は70％を占めている．

　介護を女性に依存することは，性別役割分業の意識の現れであり，職業を持つ女性が介護のために離職を余儀なくされる状況も生じている．介護の期間は期限がなく，介護状況が長期間にわたると，介護負担に耐えられず，介護者による虐待や介護放棄，殺人といった悲惨な事件の引き金ともなり，高齢者に対する人権侵害的な課題も内在していると考えられる．同居の主な介護者について，日常生活での悩みやストレスの有無を見ると，男性より女性の方が悩みやストレスが大きい状況である（厚生労働省，2014）．

　社会的な介護の必要性が認識されつつある中で，介護保険制度の導入により，介護者や要介護者が共に，家族以外の施設や在宅サービスに委ねるのを「恥」と思う意識から，社会資源サービスを活用するといった意識が徐々に浸透していった．また，介護教室や家族会等地域活動が活発となり介護家族同士の支え合う機会が増えた．さらに，マスコミやインターネットなどからの情報提供や書籍も多く出回り，知識や技術などが入手しやすくなっている．

　一方，福祉のサービスが介護を必要としている者に十分に届いていない現状もある．独居高齢者や老老介護高齢者あるいは認認介護高齢者などに対する地域における包括的な支援体制の構築が急がれる．

4　介護の社会化

　家族による介護は，要介護者と介護者が親子関係や身近な存在であるために，要介護者が気兼ねなく介護を受けたり，情愛の交流ができる等の利点があるが，反面，遠慮がなく，両者が傷つけあったり，関係性を崩すという点も少なくない．人生の先輩である親の介護をすることは，誰もが辿る老いの過程を先行して疑似体験できると考えることもできる．また，介護者が親子関係を離れて，人生の先輩，人間としての務めとして受け止めることができれば，人としての成長につながる可能性も秘めている．しかし，現実はなかなか難しい．

　現在では，要介護者の介護を配偶者が行うことが多くなってきたが，介護する配偶者自身も高齢であり，「老老介護」「認認介護」といった状況が増加している．このような状況のなかでの長期にわたる家族介護には限界がある．2000（平成12）年に介護保険制度が導入され，介護の社会化の担い手として介護福祉士やホームヘルパー等が公的な介護サービスとしてその業務にあたり，介護サービスの内容も充実してきている．家族の介護負担の軽減に寄与しているものの，介護が必要な人々の増加，財源や人手不足などの課題も山積みではあるが，さらに積極

的な介護負担軽減策を講じる必要が求められている.

5　専門職としての介護業務とは

　介護業務は，生活援助・医療外行為など看護職と重なる業務を行っているが，利用者の生活を支援するためには，保健・医療・福祉が連携して協働しなければならない.　それと同時に専門職としての力量を身につけ，利用者のケアを保障する社会的責任がある.　ヒューマンケアに関わる福祉専門職が業務を行う時の判断基準は，ケアの質と大きく関連する.　それには3つの要素がある.

　ひとつめには価値観である.　ケアサービスの提供の基本視点として重要とされるのは「基本的人権の尊重」や「ノーマライゼーションの思想」等であり，利用者が自分らしく生きる権利を保障することである.

　2つめには，業務に関連する専門知識の活用である.　観察力やそれを基に問題解決能力，信頼関係や関係性を成立させるためのコミュニケーション力である.

　3つめには，問題解決に参加し，ケアの効果を導く専門職としての技術が問われる.　言い換えれば，利用者と対峙した時，利用者の個別性を尊重し，利用者の長所に着眼して，利用者の問題解決への参加を促進することによって，利用者を尊重したケアを提供することである.

　この3つの要素を発揮できる人材としては，自身の言動を振り返り，常に向上心をもって，自身の行動の結果に責任をもち，それについて説明ができることが求められる.

6　医療ニーズの高まり

　高齢になるほど平均在院日数が増加する傾向にある.　これは，加齢現象の要因が大きいためであり，高齢になるほど免疫力が低下し回復にも時間を要し，医療ニーズが高くなる.　疾患別でみると，精神及び行動の障害，循環器系の疾患，呼吸器系の疾患，筋骨格系及び結合組織の疾患と高齢者が罹患しやすい疾患の特徴を示している（厚生労働統計協会，2015）.

　厚生労働省は今後の少子高齢社会を見据えた医療提供体制について，① 医療に関する情報提供の推進，② 安全で，安心できる医療の再構築，③ 質の高い医療を効率的に提供するための医療機関の機能分化・連携の推進と地域医療の確保，④ 医療を担う人材の確保と資質の向上，⑤ 生命の世紀の医療を支える基盤の整備の分野で改革を進めるとし，それぞれに施策を掲げている.

　医療現場では医療の変化・効率化に伴ってクリティカルパスの導入が進み，在院日数の短縮とともに在宅療養を希望する療養者が多くなってきた.　クリティカルパスでは，入院時から退院時の患者の状況を考慮して計画的に医療を提供し，療養者や家族が安心して円滑に在宅での療養生活を継続することができるよう地域と医療機関との連携が不可欠である.

　療養者の地域での医療・生活を支えるのは医師，看護師のみではなくその他の医療関連職を
はじめ，生活部分を主に支える介護職との連携も重要となってくる．病状は安定しているが複
雑な医療機器や処置を必要としている療養者や末期がん患者が在宅で人生の最期を迎えたいと
希望するなど，医療ニーズの増加とともに在宅医療の対象者は多様化している．在宅療養を選
択した療養者やその家族は，本来の生活の場でより満足度の高い生活を送りたいというニーズ
が高く，それを支援する中心的な役割を果たしているのが訪問看護や介護ステーションである．
しかし，2013（平成25）年介護従事者処遇状況等調査によると，介護職員処遇改善加算の届出
をしている事業所は87.2％，届出をしていない事業所は11.6％となっている．介護職員に対す
る職務環境の整備が不十分であることが示されており，今後，介護従事者をどのように確保す
るかは大きな社会問題である．日本の今後はさらに高齢化とともに少子化が進むことが予測さ
れており，介護・看護の従事者数の劇的な増加を期待することは困難といえよう．

7　社会福祉士及び介護福祉士法の一部改正と人材育成

　厚生労働省は，2003（平成15）年に ALS（Amyotrophic Lateral Sclerosis：筋委縮性側索硬化
症 ）の患者には特別措置でホームヘルパーに痰の吸引を容認した．その後，介護現場の実状
に即して，2012（平成24）年4月に「社会福祉士及び介護福祉士法」の一部を改正し，その第
48条の2で，「介護福祉士は，保健師助産師看護師法（昭和23年法律第203号）第31条及び32条の
規定にかかわらず，診療の補助として喀痰吸引等を業として行うことができる」としたのであ
る．

　喀痰吸引および経管栄養は，医療行為（医師の医学的判断及び技術を持ってするのでなければ，
人体に危害を及ぼし，又は危害を及ぼすおそれのある行為）であるが，ALS療養者においては，
喀痰の貯留は肺のガス交換ができなくなり生命に直結する危険な事態であり，昼夜なく頻回に
吸引をする必要がある．また，経管栄養は命を維持するためには，栄養素を非経口的に体内に
注入しなければならない．

　介護福祉士が痰の吸引や経管栄養を実施するにはいくつかの条件を満たさなければならない．
すなわち，療養者の安全を確保するために，実施事業者には都道府県知事の登録を義務づける
と共に，健康と生活を守ることでもあるため，介護業務を行う者には必要な知識と技術の研修
を課し，その修了者に対しては認定特定行為業務従事者認定証を交付するとしている．

　このような介護業務の増加や拡大は，社会から期待される半面，責任が重くのしかかること
も認識する必要があり，このようなケアに関わる人材育成の課題としては，一人ひとりの介護
者がケアに対するモチベーションを高く持ち，維持していくことであり，そのことが今後の介
護環境に大きく影響を与えると考える．

　在宅医療において，医師は，療養者を直接診察する機会は多くない．そのなかで看護職や介

護職が治療内容を評価することになる．言い換えると地域における他職種間の連携とともに，看護職や介護職の報告能力（観察力やアセスメント力）を向上させることにより，在宅療養者の状況にタイムリーに対応することが介護の質を担保すると考える．すなわち，看護・介護を提供するケアの質は，ケアを提供する人の資質（人材）に関わるといえる．

少子高齢社会とともに医療ニーズを抱える人が増加するなか，看護職や介護職が増加する見込みは大きく期待できない現状を考えると，一人ひとりの力量を向上させ，介護業務に自信と誇りをもって，より豊かで長く介護業務に従事することが，増え続ける医療ニーズに対応するためには不可欠なことである．もちろん療養者の安全を担保することは必須条件となる．

介護職の力量を向上させるためのひとつの方法として，ポートフォリオ（Portfolio）がある．ポートフォリオとは，書類入れ，紙ばさみの意味であるが，自分のその時どきの活動を資料としてファイリングし，その事象を振り返り，客観的に自分の成長過程を評価する方法である．ポートフォリオは，教員の養成の場で，看護師教育に活用されているが，介護福祉士養成においても実施されてきている．

第3節　医療的ケア

1　医療的ケアとは

介護が必要な高齢者や障害者の多くは，何らかの医療ニーズをもっていることが多い．普段の暮らしを営むうえでも継続した内服，生活上の留意事項がある場合は，生活の場である施設などにおいても，ケアに関わる人びとはその人のQOLを考え，医療ニーズに対応することが求められる．そのため，医療従事者でなくとも医療的ケアを行うことが必要である．ノーマライゼーションの具現化のために，医療が必要な患者も地域で療養生活を送ることが多くなった．介護者（たとえば家族）だけでは在宅療養を支えることが難しい現状が次第に明らかになり，何らかの介入が必要であることが認識されるようになった．2005（平成17）年，厚生労働省の「医師法第17条，歯科医師法第17条及び保健師助産師看護師法第31条の解釈について（通知）」（2005）では，医療的ケアを医療機関以外の高齢者介護・障害者介護の現場等において，判断に疑義が生じることの多い行為であり，原則として医行為ではないと考えられるものを表1-1の通り，列挙した旨の記載があり，原則として，医師法第17条，歯科医師法第17条及び保健師助産師看護師法第31条の規制の対象とする必要がないものである．

この解釈に基づいて，介護職が行う医療的ケアの領域が定められている．また，具体的なレベルでの応用の例も示されており，たとえば臀部の褥瘡が排便等で汚染された場合は，ガーゼ交換を行ってもよいという解釈として，褥瘡部のガーゼ交換を介護職が実施することも認めら

表1-1　医政発第 0726005 号各都道府県知事あて厚生労働省医政局長通知による解釈

1　水銀体温計・電子体温計により腋下で体温を計測すること，及び耳式電子体温計により外耳道で体温を測定すること

2　自動血圧測定器により血圧を測定すること

3　新生児以外の者であって入院治療の必要がないものに対して，動脈血酸素飽和度を測定するため，パルスオキシメータを装着すること

4　軽微な切り傷，擦り傷，やけど等について，専門的な判断や技術を必要としない処置をすること（汚物で汚れたガーゼの交換を含む）

5　患者の状態が以下の3条件を満たしていることを医師，歯科医師又は看護職員が確認し，これらの免許を有しない者による医薬品の使用の介助ができることを本人又は家族に伝えている場合に，事前の本人又は家族の具体的な依頼に基づき，医師の処方を受け，あらかじめ薬袋等により患者ごとに区分し授与された医薬品について，医師又は歯科医師の処方及び薬剤師の服薬指導の上，看護職員の保健指導・助言を遵守した医薬品の使用を介助すること．

具体的には，

　・皮膚への軟膏の塗布（褥瘡の処置を除く）　・皮膚への湿布の貼付　・点眼薬の点眼　・一包化された内用薬の内服（舌下錠の使用も含む）　・肛門からの坐薬挿入　・鼻腔粘膜への薬剤噴霧

を介助すること．

6　爪そのものに異常がなく，爪の周囲の皮膚にも化膿や炎症がなく，かつ，糖尿病等の疾患に伴う専門的な管理が必要でない場合に，その爪を爪切りで切ること及び爪ヤスリでやすりがけすること

7　重度の歯周病等がない場合の日常的な口腔内の刷掃・清拭において，歯ブラシや綿棒又は巻き綿子などを用いて，歯，口腔粘膜，舌に付着している汚れを取り除き，清潔にすること

8　耳垢を除去すること（耳垢塞栓の除去を除く）

9　ストマ装具のパウチにたまった排泄物を捨てること（肌に接着したパウチの取り替えを除く）

10　自己導尿を補助するため，カテーテルの準備，体位の保持などを行うこと

11　市販のディスポーザブルグリセリン浣腸器を用いて浣腸すること

出典）医政発第 0726005 号各都道府県知事あて厚生労働省医政局長通知

れている．このように，領域や見解などが示されているものの，それらが十分に介護の現場で認識されているとは言い難い側面もあり，介護職として，どのような医療的ケアが実施できるのかということを，介護職だけでなくさまざまな職種が認識する必要がある段階である．

　前述した解釈が明示される以前の2002（平成14）年11月12日，日本 ALS 協会は「ALS 等の吸引を必要とする患者に，医師の指導を受けたヘルパー等介護者が日常生活の場で吸引を行うことを認めてください」との要望を，厚生労働大臣に陳情した．これを受けて厚生労働省は，2003（平成15）年2月3日「看護師等による ALS 患者の在宅療養支援に関する分科会」を設置し，在宅 ALS 患者の療養環境の向上を図るための措置について，在宅サービスの充実を検討し，次に，たんの吸引行為について，たんの吸引の医学的整理，「家族以外の者」がたんの吸引を行う場合の条件等について検討を行い，2003（平成15）年6月9日に「報告書」をとりまとめた．同年7月17日にはこれを受けて厚生労働省医政局長通知「ALS（筋萎縮性側索硬化症）患者の在宅支援について」（医政発第717001号）が出された（日本看護協会，2004）．これは，

11

患者の QOL のためには，介護職にもたん吸引だけでなく，さまざまな医療的ケアを担うことを社会的に求めるきっかけとなった体制づくりであった．

　医療的なニーズを求める要介護者が増大しつつあり，それは ALS などの神経難病に留まることはなかった．2010（平成22）年 4 月 1 日には，医政発0401第17号各都道府県知事あて厚生労働省医政局長通知（2010）において，特別養護老人ホームにおけるたんの吸引等の取扱いについてが示され，口腔内のたんの吸引等について，モデル事業の方式を特別養護老人ホーム全体に許容することは，医療安全が確保されるような一定の条件の下では，やむを得ないものと整理されている旨の記載がある．また，「社会福祉士及び介護福祉士法」の一部を改正により，2012（平成24）年 4 月 1 日から介護福祉士等による喀痰吸引や経管栄養の一部が一定の条件のもと必要とされる医療行為のみを医師の指示で行うことになった．なお，「介護福祉士」の名称では，介護福祉士養成課程において医療的ケア（喀痰吸引及び経管栄養に関する知識・技術）を修得した2016（平成28）年 1 月以降の国家試験合格者となり，実地研修を修了後に，一定の基準を満たす事業所に所属する場合に実施できることになっている（日本訪問看護財団編，2013）．このような社会的ニーズに伴い介護福祉士としての仕事の範疇（はんちゅう）は，医療的ケアを含むことが求められるようになっている．これらを実践するために，教育の現場における方向性も示されている．2011（平成23）年の文部科学省，厚生労働省による「社会福祉士及び介護福祉士法施行規則等の一部を改正する省令の施行について（介護福祉士養成施設における医療的ケアの教育及び実務者研修関係）（通知）」で示された「介護福祉士養成施設の設置及び運営に係る指針」では，医療的ケアについて表 1 - 2 のように明示している．

表 1 - 2　領域「医療的ケア」に関する留意事項

「医療的ケア実施の基礎」では，関連する法制度や倫理，関連職種の役割，救急蘇生法，感染予防及び健康状態の把握など，医療的ケアを安全・適切に実施する上で基礎となる内容とすること．
「喀痰吸引（基礎的知識・実施手順）」では，喀痰吸引に必要な人体の構造と機能，小児の吸引，急変状態への対応など，喀痰吸引を実施するために必要な基礎的知識と実施手順を修得する内容とすること．
「経管栄養（基礎的知識・実施手順）」では，経管栄養に必要な人体の構造と機能，小児の経管栄養，急変状態への対応など，経管栄養を実施するために必要な基礎的知識と実施手順を修得する内容とすること．

「演習」の回数は，次のとおりとすること．
ア　喀痰吸引：口腔 5 回以上，鼻腔 5 回以上，気管カニューレ内部 5 回以上
イ　経管栄養：胃ろう又は腸ろう 5 回以上，経鼻経管栄養 5 回以上
※救急蘇生法演習（1 回以上）も併せて行うこと．

　上記の内容からも，生活を支える介護職の仕事の範疇が広がり，それを達成できるように医療的ケアに対する教育内容の充実が急務であることがうかがえる．

2　介護における医療的ケアの解釈

　医療的ケアの範疇は厚生労働省が中心となり，その領域が明示されたが，介護としてどのように医療的ケアを捉えるのかということは，さまざまな意見があるのが現状である.

　赤沢ら（2013）は，「医療的ケア」とは，医療行為の範疇に入るが，治療を目的とするのではなく，健康を維持し生活をしていくために必要な経管栄養や吸引などをさすものと示唆している.　また，林（2010）は，治療目的ではなく日常生活を送るための医療行為を「医療的ケア」として捉え，医療的ケアは治癒をめざす治療や健康を回復するためのものではなく，医療的ケアの必要な介護対象者にとっては，現在の健康状態を維持し生活を継続するための日常的な生

表 1 - 3　主な医療的ケア

```
 1   体温の計測
 2   血圧の測定
 3   パルスオキシメータの装着
 4   軽微な切り傷，擦り傷，やけど等，専門的な判断や技術を必要としない処置
 5   医薬品使用介助（軟膏，湿布，点眼薬，点鼻薬，一包化された内服薬，坐剤）
 6   爪切り，爪ヤスリ
 7   歯，口腔粘膜，舌の汚れ除去
 8   耳垢（じこう）の除去
 9   ストマ装置のパウチの排泄物除去
10   自己導尿補助のためのカテーテルの準備，体位の保持など
11   市販のグリセリン浣腸の使用
12   痰の吸引
13   経管栄養
14   バイタルチェック（体温，血圧，心拍数，呼吸器数，意識レベル）
15   体のしくみ，各臓器のメカニズム（含；老化に伴うもの）
16   疾病
17   脱健着患等，患部に関わるケア
18   摂食障害，嚥下困難，誤嚥
19   排泄
20   睡眠
21   感染の予防
22   脱水の予防
23   転倒・転落・骨折の予防
24   医療従事者との連携
25   緊急時の対応，蘇生法
26   終末期ケア，ターミナルケア
```

活行為のひとつということができる．医療的ケアを「行為」としてみるならば，現行法制上は，医療行為である．しかし，その「意味」から捉えるならば，日常生活や社会生活を維持継続するために必要な「生活行為の一部」として捉えることができるのである，と述べている．両者の共通した見解としては，積極的な治療というよりは，日常生活を維持するためのものとして捉えており，現在の健康レベルの維持ということに主眼が置かれた解釈であろう．これらの解釈はさまざまな研究者によっても明示されている．

一方，本間（2013）は，「医療的ケア」はこれまでの生活支援技術と違って，利用者の日常生活において直接的生命の安全確保に繋がる重要なケアであるため，介護福祉士は今まで以上に「生命そのもの」と直接向き合う必要性がある．そのためには，しっかりとした理論的根拠に基づく知識や人体の解剖，生理，急変時対応など，より多くの課題を学習する必要性がある，と述べており，介護職であっても，安全な医療的ケアを実施するためには，エビデンスに基づくことが必要なことを示唆している．手順や手技は訓練を行うことで習熟できるであろう．しかし，科学的な根拠に基づいて実践できることが，専門職としてのケアの確立につながると考える．そのような方向性を厚生労働省も必要であると認識しているからこそ，介護福祉士養成における医療的ケアに対する教育の充実が示されたのではないかと考える．

そこで，本書においては，「医療的ケア」とは，医療行為ではあるものの，医師の許可を得て医師や看護師の支援体制のもとに行う，要介護者が生活をしていくために必要な介護行為のことであると定義し，その範疇としては，理論的根拠に基づく知識や人体の解剖，生理，急変時対応など，より多くの内容を含むものとする．具体的には，主な医療的ケアを表1－3にあげる内容として論ずることとする．

参考文献

赤沢昌子ら「医療的ケアに関する介護福祉士教員への問題提起―教育・介護職員のアンケート調査より―」『松本短期大学研究紀要』22. 2013.

医政発 0401 第 17 号各都道府県知事あて厚生労働省医政局長通知「特別養護老人ホームにおけるたんの吸引等の取扱いについて」2010.

医政発第 0726005 号各都道府県知事あて厚生労働省医政局長通知において「医師法第 17 条，歯科医師法第 17 条及び保健師助産師看護師法第 31 条の解釈について（通知）」2005.

公益財団法人日本訪問看護財団編「介護職員等のための医療的ケア」ミネルヴァ書房. 1‐2. 2013.

厚生労働省『介護従事者処遇状況等調査』2013.
　http://www.mhlw.go.jp/toukei/saikin/hw/kaigo/jyujisya/dl/25gaiyou.pdf
　（2015 年 12 月 01 日アクセス）

厚生労働省『国民生活基礎調査 2013/2014』
　http://www.mhlw.go.jp/toukei/saikin/hw/k-tyosa/k-tyosa13/index.html
　（2015 年 12 月 01 日アクセス）
　http://www.mhlw.go.jp/toukei/saikin/hw/k-tyosa/k-tyosa14/index.html
　（2015 年 12 月 01 日アクセス）

厚生労働統計協会『国民衛生の動向 2014/2015』61（9），2015.

社援発 1028 第 1 号都道府県知事，指定都市の長，各中核市の長，地方厚生（支）局長，関係団体の長，厚生労働省社会・援護局長あて「社会福祉士及び介護福祉士法施行規則等の一部を改正する省令の施行について（介護福祉士養成施設における医療的ケアの教育及び実務者研修関係）（通知）」2011.

中央法規出版編集部『5 訂社会福祉用語辞典』中央法規, 2010.

内閣府『高齢社会白書』2014.
　http://www8.cao.go.jp/kourei/whitepaper/w-2014/zenbun/index.html
　（2015 年 12 月 01 日アクセス）

内閣府政策統括官「第 8 回世界青年意識調査」2009.
　http://www8.cao.go.jp/youth/kenkyu/worldyouth8/html/mokuji.html#02-1
　（2015 年 12 月 01 日アクセス）

日本看護協会「人工呼吸器装着中の在宅 ALS 患者の療養支援；訪問看護従事者マニュアル」『平成 15 年度看護政策立案のための基盤整備推進事業報告書』2004.
　http://www.nurse.or.jp/home/publication/pdf/jyuujisya.pdf
　（2015 年 12 月 01 日アクセス）

林信治「介護福祉士の医療的ケアに関する一考察」『東海学院大学紀要』4, 2010

広井良典「ケア学　越境するケアへ」医学書院, 2003.

本間美知子「介護福祉士養成教育における「医療的ケア」の導入」『新潟青陵大学短期大学研究報告』43. 2013.

毎日新聞社人口問題調査会編「社会福祉基礎構造改革の実現に向けて―新しい家族像を求めて：第 22 回全国家族計画世論調査」1998.

松村明編「大辞林」三省堂, 1988.

第2章 介護に必要な医療的ケアの実践

第1節 ヘルスアセスメント

1 普段の様子を知る

　介護福祉士は，介護を必要とする高齢者や障害者（以下，利用者）の生活を支えるという，重要な役割を担っている．日常の生活支援の中で利用者と密接に関わっていることから，さまざまな方法によって利用者から情報を得る立場にある．たとえば，利用者とのコミュニケーションをとおして，その日の利用者の表情，顔色，声の調子，活気などを知ることができるし，入浴，排泄，食事の際には，傷やアザ等の有無，立位・歩行・食欲などの状態を知ることができる．さらには，数値による情報として，身体計測（身長，体重）やバイタルサイン（体温，呼吸，脈拍，血圧など）等もある．これら数値による情報は，いつでもどこでも容易に，客観的に捉えることができるうえ，栄養状態や健康状態等の変化を推測する指標にもなる．介護福祉士は，これらの知識と技術を統合し，① なぜこのようなことが利用者に起こっているのか，② この状態は正常なのか異常なのか，③ 利用者にとって，どのような状態が望ましいのか，④ 改善するためには，どのような対応が求められるのか，などについて考えることが大切である．

　このように，利用者のウェルビーイング（well-being）を実現するために，利用者の状況を身体的，精神的，社会的な視点から総合的に分析・評価することを，ヘルスアセスメント（health assessment）という．介護福祉士は，利用者のさまざまな情報をもとに，ヘルスアセスメントを行うことができるよう，その基本的な知識・技術を身に付けておくことが望まれる．

　いうまでもないが，介護福祉士は，利用者の栄養状態や健康状態などに変化（またはその兆候）が見られる時は，速やかに医師や看護師などの医療職に報告し，専門的な立場から対応してもらう（連携する）ことが不可欠である．

2 身体計測

1 身長と体重

　ここでは，身体計測（身長，体重）の基本的内容について整理する.

　身長（height）とは，「身体の高さ」のことで，直立姿勢の状態で床面から頭頂部までの距離を指す. 身長は，年齢や性別などにより異なる. 身長計測には身長計が用いられ，身長計の前に背を向けて真っすぐに立ち，スケールを頭頂部まで下げたところで目盛を読む. 最近は，スケールがデジタル式のものもある.

　一方，体重（body weight）とは，「身体の重さ」のことである. 体重を測定する時は，体重計を使用するが，通常，家庭では，台の上に直立して計測するタイプが普及している. しかし，病院や福祉施設などにおいては，広く平らな形状で，車椅子ごと乗って計測できるタイプもあれば，リクライニングやベッドなどに体重計が内蔵されており，臥床したままでも計測できるタイプもある. また計測値の表示が，アナログ式のものもあれば，デジタル式もあり，多様である. 体重は，身長と同様に，年齢や性別などにより異なるが，適正体重（肥満でも痩せでもなく，一定期間内の死亡率や罹患率が有意に低いなど，統計的に最も健康的に生活ができるとされる理想的な体重）になるように心がけることが望まれる.

　なお，適正体重は，　適正体重（kg）＝身長（m）×身長（m）×22　で計算することができる.

　身長と体重は，後述する肥満指数（BMI）を算出する際にも用いられ，利用者の栄養状態，肥満度などを知る指標となる. 定期的にこれらを測定し，身体の状態に変化がないか確認する.

2 肥満指数（BMI）

　肥満指数（Body Mass Index：BMI）とは，「肥満の度合いを判定する基準」のことで，肥満指数（BMI）は，身長と体重から算出する数値で示される. その計算式は，

　肥満指数（BMI）＝体重（kg）÷身長（m）×身長（m）　である.

日本肥満学会による判定基準（表2－1）によれば，肥満指数（BMI）の値が35以上が「高度肥満」と定義され，診断や治療の対象と位置づけられた.

　肥満症の診断基準に必須となる合併症には，耐糖機能障害（2型糖尿病・耐糖機能など），脂質異常症，高血圧，高尿酸血症・痛風，冠動脈疾患（心筋梗塞・狭心症など），脳梗塞（脳血栓症・一過性脳虚血発作），脂肪肝（非アルコール性脂肪性肝疾患），月経異常・妊娠合併症（妊娠高血圧症候群，妊娠糖尿病，難産），睡眠時無呼吸症候群・肥満低換気症候群，整形外科的疾患（変形性関節症，変形性脊椎症，腰痛症），肥満関連腎臓病がある.

表 2 - 1　肥満度の判定基準

肥満指数（BMI）	肥満度
18.5未満	低体重（痩せ）
18.5以上25未満	普通体重
25以上30未満	肥満（1度）
30以上35未満	肥満（2度）
35以上40未満	肥満（3度）
40以上	肥満（4度）

出典）日本肥満学会「肥満症の診断基準 2011」http://www.jasso.or.jp/　（アクセス日 2016/4/12）より作成

③ 皮下脂肪厚

　皮下脂肪厚（skinfold thickness）とは，「皮膚（皮下脂肪組織を含む）をつまみ上げて，一定の圧力のもとで測定した際の厚み」のことで，肥満度（体脂肪率）を知るうえでの指標となる．測定の際は，皮下脂肪厚計（ピンチキャリパー）を用いる．主な測定部位は，上腕背部（上腕三頭筋），肩甲骨下部，臍横部などである．このなかでも上腕背部と肩甲骨下部の 2 部位が測定の容易さと誤差の少なさから，国際的にも広く用いられている．皮膚（皮下脂肪組織を含む）を，一定圧（$10g/mm^2$）に調整したキャリパーで，2 部位または 3 部位をつまむ（複数回）ため，つまみ方が浅かったり，深すぎたりすると正確な値が出ないので，注意が必要である．

　測定した皮下脂肪厚から，身体密度を算出（表2-2；ただし 2 部位の測定の場合）し，ここから得られた体脂肪率（＝（4.570÷身体密度−4.412）×100）が，男性で20％，女性で30％を超えると肥満と判定する．

表 2 - 2　皮下脂肪厚による身体密度の推定式（2 部位の場合）

男　　性	D = 1.0913 − 0.00116 × X
女　　性	D = 1.0897 − 0.00133 × X

注）X：上腕後部と肩甲骨下部の皮下脂肪厚の和（単位：mm）
出典）山内有信『運動・栄養・健康』三恵社，2009，pp.74 - 75

　その他，インピーダンス法による体脂肪率の測定が普及している．この方法は身体に微弱な電流を流し，体内の抵抗値を測定し，それをもとにして除脂肪体重を予測するものである．しかしこの方法は，発汗，食事などの体水分量の変化や運動による血流増加などにより，測定値が大きく変動するため注意が必要である．

3　バイタルサイン

　バイタルサイン（vital signs）は，一般的に「生命（vital）兆候（signs）」と訳される．人間が生きていくうえで不可欠な生体情報のことである．バイタルサインという場合は，通常は体温，呼吸，脈拍，血圧の 4 つを指すが，これに意識状態を含める場合もある．また，最近では

医療技術の進歩により，パルスオキシメーターで測定される経皮的酸素飽和度（SpO$_2$）もバイタルサインに含まれるようになっている．

　バイタルサインを測定する際には，① 使用器具の確認，② 環境（室温・湿度など）の確認，③ 測定方法等に関する知識・技術，④ 利用者の活動状況や基礎疾患の有無等の把握などは不可欠である．また，体温，呼吸，脈拍，血圧等をそれぞれ別々のものとして捉えるのではなく，相互の関係性についても理解しておくことが求められる．

　本項では，バイタルサインとして，体温，呼吸，脈拍，血圧の４つに加え，経皮酸素飽和度（SpO$_2$）についても触れておきたい．

1 体　温

　体温（body temperature）とは，「身体の温度」のことである．心臓から拍出されて大動脈を流れる血液が，生体中心部の温度が最も正確ではあるが，身体内部であることから，日常的にその温度を測定することは困難である．そこで，その温度に比較的近い値を反映しており，かつ，容易に測定できる腋窩，口腔，直腸，鼓膜などの温度が用いられている．体温を測定することで，発熱の有無，病気の経過などを知ることができる．体温は個人差が大きく，性別や筋肉量などだけでなく，運動や食事にも左右されるため，利用者一人ひとりの平常時の体温を把握していることが重要である．高齢者の場合は，筋肉量が少ないことが要因となり，平熱が35度台ということも稀ではない．

　体温は，間脳視床下部にある体温調整中枢のはたらきにより，摂取した栄養素の代謝等により産生される熱（熱産生）と，体外に熱を放出する熱（熱放散）のバランスで調整されており，熱放散の種類には，輻射，伝導，対流，蒸発がある（表2−3）．

表2−3　熱放散の種類と内容

種　類	内　容
輻　射	熱が赤外線として放散される現象
伝　導	熱が皮膚の表面や気道を通して，これらと接する空気に直接熱が伝えられる現象
対　流	空気の動きにより，身体と環境との間で熱交換される現象
蒸　発	水分が気化する現象

出典）向井直人編『Nursing Canvas』学研メディカル秀潤社，2013，p.24 より作成

（1）体温計の種類

　体温計は，大きく分けて，電子体温計，水銀体温計，耳式体温計がある．介護職が用いるのは，主に電子体温計である．

① 電子体温計

　主として，腋窩，口腔，直腸の体温を計測するものである．「サーミスタ」（Thermistor）と

いう，温度を電気信号に変換する素子が用いられている．電子体温計は「予測式」で，約１分間の温度上昇パターンから，平衡状態になった時の体温を予測するため，計測時間が短くてすむ．

② 水銀体温計

主として，腋窩，口腔，直腸の体温を計測するものである．ガラス管に封入された水銀の熱による膨張を目盛で読み取る．破損した場合，ガラスや水銀が飛び散る可能性があるため，取り扱いに注意が必要である．

③ 耳式体温計（赤外線体温計）

身体からは，常にその温度に対応した波長の赤外線が出ている．耳式体温計は，本体プローブを耳の孔に挿入し，鼓膜およびその周辺から出ている赤外線をセンサーでキャッチし，検温するものである．特に，鼓膜には内頸動脈（脳に血液を送る血管）があることから，核心温に近い値を得られるうえ，短時間（数秒）で検温できるため，とりわけ高齢者には使用しやすい．

（２）体温の測定方法

人の体温は，身体の部位によって異なる．体温は，「核心温（中枢温）」と「外殻温（表面温）」に分けられる．核心温は，生命維持に関わる臓器がある体幹部（深部）の温度で，周りの環境（外気温）に左右されず，約37℃に保たれるように調節されており，直腸や鼓膜などでの測定値は，核心温として代用されている．一方，外殻温は，身体表面の温度で，核心温を維持するために周りの環境（外気温）に左右される．

体温測定は，腋窩で測定するのが一般的だが，口腔，直腸，鼓膜などでも測定することができる．皮膚表面は外気温の影響を受けやすいため，体温測定の際には，外気温の影響を受けにくい部位や方法等を考慮する（表２－４）．

表２－４　体温測定の種類・時間・留意事項

種類	測定部位	時間	注意事項
腋窩	上腕二頭筋，上腕三頭筋，広背筋，大胸筋に囲まれた部分の温度	実測式：５分間 予測式：１～２分間 水銀体温計：10分間	発汗している場合は，乾いたタオルで拭く．腋窩はきちんと閉じる．
口腔	舌と口腔底で形成される口腔の温度	３～５分間	測定10分前には冷たい物や熱い物を摂取しない． 測定中は体温計を噛まないように指導する．
直腸	直腸内の温度	３分間以上	プライバシーに配慮する． 便やガスは事前に排出を促す．
鼓膜	鼓膜の後ろに位置する内頸動脈の温度を反映	１秒間	測定前に，耳垢を除去しておく．

出典）向井直人編『Nursing Canvas』学研メディカル秀潤社，2013，p.26 より作成

（3）体温の異常

体温は，その人の健康状態を知るひとつの手掛かりとなる．身体の体温調節のバランスが崩れると，発熱，うつ熱，低体温などの異常が出現するため，体温測定により，このような異常の早期発見に役立つ．

「発熱」とは，平常時の体温よりも1℃以上高くなった状態であり，体温の高さにより，微熱（37.9℃まで），中等熱（38℃～39℃未満），高熱（39℃以上）に分けられる（表2－5）．平均体温は，36.0℃～37.0℃である。発熱の原因として，細菌やウイルス等による感染症，悪性腫瘍，アレルギー疾患，薬剤等の副作用などがある．

表2-5　体温の目安

体温の区分	測定部位	注意事項
低体温	35.0℃未満（中核温度）	温浴などを用いて早急に保温し、体温の上昇を図る。心停止の可能性が高い
低　温	35.0℃～36.0℃未満	一般状態をみながら、適時保温する
微熱（軽熱）	37.0℃～38.0℃未満	37.5℃未満は予防接種可能。環境調整を行う
中等熱	38.0℃～39.0℃未満	悪寒がない場合は、クーリング。解熱剤の使用は38.5℃以上の場合の指示が多い
高　熱	39℃以上	クーリング及び解熱剤の使用。ただし、中枢系の発熱の場合は、解熱剤が無効である

出典）小木曽加奈子『ナース手帳2013』主婦の友社，2013，p.109より作成

「うつ熱」とは，暑さで体熱の放散が障害されたり，激しい運動によって放射の限界を超えて体熱が産生されるなど，熱が体内に貯留した状態である．

「低体温」とは，平常時の体温より低い35℃未満の状態である．その原因は，老衰，全身衰弱，栄養失調，甲状腺機能低下，激しい寒気下による熱放散の増加，頭部外傷などによる中枢神経系障害など，さまざまである．

② 呼　吸

呼吸（respiration）とは，主に「外気から酸素を体内に取り込み，燃焼して生じた二酸化炭素を体外に排出するシステム」のことである．人の身体は無数の細胞から成り立っており，食物の栄養素が体内で燃焼（代謝）され，生じたエネルギーを利用して生命を維持している．栄養素を燃焼する際に酸素が必要で，その燃焼の結果生じた二酸化炭素が体外に排出される．

（1）呼吸の仕組み

呼吸は，「外呼吸」と「内呼吸」に大きく分けられる．「外呼吸」とは，肺（肺胞）で行われるガス交換のことで，口や鼻をとおして酸素を肺に吸い込み，肺で酸素と二酸化炭素のガス交換をした後，口や鼻から二酸化炭素を排出する過程を指す．呼吸という場合は，通常「外呼吸」のことを指す．一方，「内呼吸」とは，全身の組織で行われるガス交換のことで，血液に

取り込まれた酸素が，各組織の細胞に運ばれ，代わりに二酸化炭素が血液中に排出される過程であり，酸素を利用して栄養素が燃焼され，エネルギーを生成する．

　呼吸では，「吸気」（息を吸い込む）と「呼気」（息を吐く）を，無意識に繰り返す．男性は横隔膜の働きによる「腹式呼吸」，女性は外肋間筋の働きによる「腹式呼吸」を用いることが多い．吸気では，横隔膜・外肋間筋の収縮により胸腔が広げられ，肺が膨らむ．肺が膨らんだ分だけ酸素が取り込まれる．一方呼気では，横隔膜・外肋間筋の弛緩により，胸腔が狭くなり，肺が縮む．肺が縮んだ分だけ酸素が排出される．

（2）呼吸の測定

　呼吸の測定は，視診（視る），聴診（聴く），触診（触れる）を用いる．介護福祉士が利用者の呼吸を測定する場合，通常は視診（視る）によるが，その際は呼吸の「回数」「深さ」「規則性」「音」などに注目する．注意点としては，① 呼吸を変動させる要因（食事・運動・入浴の直後，不安，ストレス，疼痛など）がないか確認する．② 意識されると正確な測定値が得られなくなるため，呼吸を測定していることを伝えない．③ 胸腹部の上下運動を 1 分間測定する．④ 呼吸の状態（浅い呼吸，深い呼吸など）を観察する，などである．

（3）呼吸数の異常

　呼吸は年齢とともに回数が少なくなる．新生児の呼吸数（安静時の目安）は，1 分間に35〜50回，幼児では20〜25回であるのに対し，成人では12〜20回である．呼吸数が通常よりも多いものを「頻呼吸」（25回以上／分），少ないものを「徐呼吸」（12回以下／分）という．頻呼吸は，発熱，肺炎，呼吸不全，興奮などで出現し，徐呼吸は，頭蓋内圧亢進，麻酔・睡眠薬内服などで出現することが多い．

3 **脈　拍**

　脈拍（pulse）とは，「心臓の拍動に応じて，体表から触れることができる動脈（動脈壁）の拍動」のことである．心臓の収縮によって左心室から大動脈に送り込まれた血液が，大動脈壁を拡張した際，もとに戻ろうとする性質（弾性）によって振動が生じる．この振動が抹消血管に伝わったもので，体表近くを通る動脈で脈拍として触れる．ちなみに，心臓の拍動は，交感神経と副交感神経の支配を受けており，精神的な緊張，ストレス状態などがある時は，交感神経の働きが亢進し，心拍数を増加させる．逆に，緊張，ストレス状態などがない場合は，副交

（1）脈拍の測定

　脈拍の測定でもっとも簡単な方法は，橈骨動脈（手首の付け根部分の内側）に示指，中指，薬指の 3 つの指を当て，脈を触れること（触診）である．その他，総頸動脈，上腕動脈，足背動脈などで触診する方法もある．脈拍を測定する際は，脈拍数のみならず，脈の大小，リズムなども合わせて観察するとよい．

（2）脈拍の異常

　脈拍数は年齢とともに減少していく．新生児の場合，通常1分間で130〜150回，幼児では100回〜120回であるのに対し，成人では60〜80回，高齢者にいたっては50〜70回である．正常であれば，一定間隔で規則正しいリズムで脈が触れる．なお，1分間の脈拍数が100回以上の場合を「頻脈」，逆に60回未満の場合は「徐脈」という．

4　血　　圧

　血圧（blood pressure）とは，「血流が血管壁に及ぼす圧力」のことである．なお血圧には，動脈圧と静脈圧があるが，通常は動脈圧を指す．

　血液は，身体の細胞に酸素や栄養素を運搬し，二酸化炭素や老廃物を回収する役割を担っている．血液は心臓の拍動（収縮，拡張）によって全身に循環しているが，その際に，血液に圧がかかり，血流がつくられる．

（1）血圧の測定

　血圧の測定には，「直接法（観血的血圧測定法）」と「間接法（非観血的血圧測定法）」がある．直接法とは，動脈内に直接カテーテルを挿入し，動脈内圧を測定する方法である．一方，間接法とは，腕などの皮膚の上にマンシェット（圧迫帯又はカフともいう）などを巻いて測定する方法である．直接法の方がより正確な測定ができるが，介護現場では通常，間接法を用いる．間接法による血圧計には，水銀血圧計，アネロイド血圧計，自動血圧計（電子血圧計）などがある．なかでも自動血圧計は，誰でも容易に操作できるため，広く普及している．

　自動血圧計は，スタートボタンを押すと，マンシェットの加減圧が自動で行われ，マイクロホンや圧力センサなどによって，関連信号を測定し，マイクロコンピュータによって血圧値の判定および表示が行われる．自動血圧計には，「上腕式」「手首式」「指先式」のタイプがあるが，この内，最も正確に測定できるのは上腕式のタイプである．測定する際はいずれも，自動血圧計を，①振動がなく操作しやすい場所に安定させて置く．②心臓の高さに合わせ，③座位または仰臥位の姿勢で行う，ことなどに注意が必要である．

（2）血圧値

　血圧は，「心拍出量」（心臓から排出される血液量）と「末梢血管抵抗」（血流に対する血管の抵抗：血管の内腔の狭さ）を乗じた値で示される．ちなみに，心拍出量は心臓の収縮力，心拍数，循環血液量により変動し，末梢血管抵抗は，血管の収縮および拡張の程度，血管壁の弾力性，血液の粘稠度により変動する．なお，心臓が収縮して血液が排出される時，血管壁に最も高い圧力がかかるが，この時の血圧を「収縮期血圧（最高血圧）」という．逆に心臓が拡張する時は，血管壁への圧力がもっとも低くなるが，この時の血圧を「最低血圧（拡張期血圧）」という．診察室で測定した血圧が140/90mmHg以上，家庭で測定した血圧が135/85mmHg以上を高血

圧という．診察室血圧に基づく血圧の分類を表2－6に示す．

表2－6　診察血圧に基づく血圧の分類

分　類	収縮期血圧	拡張期血圧
至　適　血　圧	＜ 120	＜ 80
正　常　血　圧	＜ 130	＜ 85
正 常 高 値 血 圧	130〜139	85〜89
Ⅰ 度 高 血 圧	140〜159	90〜99
Ⅱ 度 症 高 血 圧	160〜179	100〜109
Ⅲ 度 高 血 圧	≧180	≧ 110

出典）日本高血圧学会　2014年度版　http://www.jpnsh.jp/　（アクセス日 2016/4/12）より作成

（3）血圧値の異常の要因

　高血圧の状態が続くと，動脈硬化，心筋梗塞，脳卒中（脳梗塞，脳出血等）など，身体にさまざまな疾患をもたらす危険性があるため，注意が必要である．肥満や塩分の摂り過ぎ，食べ過ぎ，精神的なストレス，飲酒などは血圧を上げる要因となるため，日頃の生活習慣に目を向け，改善していくことが望まれる．逆に低血圧の場合も，めまい，悪心，食欲低下などの原因となり得るため，安心はできない．

5 酸素飽和度（パルスオキシメーターによる）

　酸素飽和度（oxygen saturation：SO_2）とは，「血液中に含まれるヘモグロビンが，酸素と結合している割合（％）」をいい，肺でのガス交換の程度を知る指標となっている．酸素飽和度の測定は，本来血液を採取して行うが，パルスオキシメーター（pulse oximeter）により，経皮的に容易に計測することができる．この場合，パルスオキシメーターで測定する経皮的酸素飽和度という意味で，通常「SpO_2」と表記される．ちなみに，「S」は Saturation（飽和度），「p」は pulse（脈拍），「O_2」は oxygen（酸素）の略である．なお，SpO_2 と似た表記として「SaO_2」があるが，これは動脈血酸素飽和度のことで，採血などの方法により，動脈血の酸素飽和度を測定した数値であることから，経皮的酸素飽和度（SpO_2）とは区別される．

　健康な成人では，通常，酸素飽和度は95％以上であるが，年齢などにより，これよりも低い場合があるので，その方の普段の数値を把握しておくことが不可欠である．

　健康な成人では，通常，酸素飽和度は95％以上であるが，年齢などにより，これよりも低い場合があるので，その方の普段の数値を把握しておくことが不可欠である．

　パルスオキシメーターは，酸化ヘモグロビン（赤外光をよく吸収する）と還元ヘモグロビン（赤色光をよく吸収する）の特徴を利用して，これらの吸光度から酸素飽和度を算出する機器である．一般的には指先で測定するが，耳や前頭部で測定するものもある．なお，動脈の拍動を

測定に利用しているため，脈が触れない人の場合は測定するのは困難である．

　また濃いマニキュアなどを塗っていると誤差が生じやすいため，測定前に除去することが大切である．

4　バイタルサインの実際

表2-7　バイタルサインの測定

	主な行動	具体的行動	備　考
準備	1. 説明など	1）目的や方法を説明し，同意と協力を得る 2）入浴直後や食事直後など身体への負荷がないときに測定する 3）外的環境を整える（室温20℃前後，湿度50％前後）	
	2. 必要物品を準備	1）液体石鹸で手を洗いペーパータオルで丁寧に水分をふき取る（速乾性擦式手指消毒剤を使用も可） 2）電子体温計（破損の確認，作動状態と消毒などの確認） 3）電子血圧計（破損の確認，作動状態などの確認） 4）パルスオキシメーター（破損の確認，作動状態と消毒などの確認）	体温計は肌に密着するように！
実施	1. 利用者の準備	1）体位や姿勢を整える（臥床あるいは座位） 2）測定は健側で行う 3）腋窩が汗ばんでいるときはタオルなどで押さえ拭く 4）手指に冷感やチアノーゼがないか確認する	
	2. 体温測定	1）衣服の襟元を緩める 2）体温計を上腕の前方下方から45度くらいの角度で斜め上方に挿入して，感温部が腋窩の真ん中の位置になるように固定する 3）利用者自身で体温計を保持できない場合は，介助し，体温計と皮膚を密着させる 4）測定終了を知らせる電子音が鳴ったら体温計を取り出す 5）測定後の体温計は感温部を消毒し，元のケースへ戻す	麻痺側でなく健側で測定をする
	3. 脈拍測定	1）橈骨動脈に3本の指を軽く当てて測定をする 2）1分間測定し，数，リズム，強弱などを確認する 3）意識障害や急変の際には総頸動脈で脈拍を測定する	
	4. 血圧測定	1）健側の上腕で測定する（手首のタイプもある） 2）臥床あるいは座位の姿勢になって5〜10分安静後に測定する 3）服の袖が上腕を圧迫しないように，マンシェットが巻ける位置まで上げる	脈拍測定は3本の指で

	4）指が2本入るくらいのマンシェットの巻き具合にする 5）腕の高さとマンシェットの高さが心臓と同じ位置になるよう調整する 6）電子血圧計で加圧し，測定終了を知らせる電子音が鳴ったらマンシェットを外す 7）マンシェットによる皮膚損傷がないかどうか観察する 8）衣服を整える	
5. 呼吸測定	1）利用者に気づかれないように胸郭の動きなどで，呼吸を1分間測定する（脈拍を測定するふりをしながらなど） 2）呼吸の数，リズム，深さなどを確認する 3）パルスオキシメーターを，健側の指に挟む 4）測定終了を知らせる電子音が鳴ったらパルスオキシメーターを外す 5）測定後のパルスオキシメーターは接触部を消毒し，元のケースへ戻す	 深呼吸や姿勢によっても値は変動する

1. 後片づけを行う
2. 手洗いをする
3. 報告・記録をする

5　バイタルサインのチェックリスト（知識・技術）

1　あなたの「ヘルスアセスメント」の知識について，あてはまる箇所に1つだけ○をつけて下さい．

		知識が全くない	知識があまりない	知識がある	知識が充分ある
1）	体調不良の場合は，表情や顔色が変化することが分かる	1	2	3	4
2）	医療職へ報告が必要な状況（理由）が分かる	1	2	3	4
3）	多職種がそれぞれの専門的知識を生かしケアを行っていることが分かる	1	2	3	4
4）	体調不良により食事摂取状況に変化があることが分かる	1	2	3	4
5）	血圧測定の方法が分かる	1	2	3	4
6）	体温測定の方法が分かる	1	2	3	4
7）	呼吸測定の方法が分かる	1	2	3	4
8）	脈拍測定の方法が分かる	1	2	3	4

2 あなたの「ヘルスアセスメント」の技術について，あてはまる箇所に１つだけ○をつけて下さい．

		実践が全くできない	実践があまりできない	実践できる	実践で充分できる
1)	普段の顔色や気分の違い（変化）に気がつき体調不良を察知できる	1	2	3	4
2)	利用者の状態を判断し，必要時医療職へ報告することができる	1	2	3	4
3)	利用者の状態を医療職と情報共有できる	1	2	3	4
4)	食事摂取状況の変化に気づき，体調不良を察知できる	1	2	3	4
5)	正確に血圧測定ができ，平素との比較により異常が判断できる	1	2	3	4
6)	正確に体温測定ができ，平素との比較により異常が判断できる	1	2	3	4
7)	正確に呼吸測定ができ，平素との比較により異常が判断できる	1	2	3	4
8)	正確に脈拍測定ができ，平素との比較により異常が判断できる	1	2	3	4

第2節　痰の吸引

1　呼吸の仕組みと働き

①　生命維持における呼吸の働き

　呼吸とは，生体が生命を維持するために，空気中の酸素を取り入れ，物質代謝の結果生じた炭酸ガスと代謝水を排出する働きをいう．呼吸には，肺胞内の吸気と血液との間のガス交換を行う外呼吸と，血液と組織細胞間のガス交換を行う内呼吸がある．

　呼吸は，脳からの指令により胸郭の動きによって行われる．成人では１分間に12回〜20回，リズムは一定で胸部や腹部が一定の高さで上下運動する．呼吸音は，鼻や口からスースーと空気の出し入れの音がする．

　胸郭は，骨格系（脊椎・肋骨・胸骨・鎖骨・肩甲骨）と筋肉系（横隔膜・外肋間筋・内肋間筋・斜角筋・胸鎖乳突筋・大小胸筋・菱形筋）で構成されている．呼吸筋は，吸気時に働く筋肉（横隔膜・外肋間筋〈斜角筋・胸鎖乳突筋・大小胸筋〉）と呼気時に働く筋肉（腹筋群〈外腹斜筋・内腹斜筋・腹横筋・腹直筋〉・内肋間筋）に分かれている．

　安静時呼吸は，吸気時に横隔膜と外肋間筋が収縮し，胸郭が拡張することで空気が吸入される．また，呼気時は吸気筋の横隔膜と外肋間筋が弛緩し，胸郭の弾性により受動的な呼出が行われる．安静呼吸時において，呼気筋はほとんど収縮が見られない．呼気筋は，気道内分泌物（主に痰）を喀出するときに重要な働きをする．

② 呼吸器官と痰の排出の仕組み

　気道は空気の通り道で，温度の調整，湿度の調整，異物の除去をしている．鼻腔や口腔から入った空気は咽頭を通り，喉頭に流れる．気管の先は，2分岐を繰り返し，気管支，細気管支，終末細気管支，呼吸細気管支肺胞管，肺胞に達する．気管から終末細気管支（直径約1mm）の内腔の表面は，線毛上皮細胞で覆われている．線毛は1分間に1,500回ほど振動し，ゴミや異物は杯細胞から分泌された気道（粘）液にからめとられ，線毛上皮細胞の線毛によって無意識のうちに排出嚥下される．気道の線毛運動によって，分泌物や異物が除かれないときに，異物として感知されると延髄から咳中枢に信号が送られ，防御反応により咳が起こり，異物は，痰として喀出される．異物や細菌が肺胞まで届くと肺胞内のマクロファージによって細胞内に貪食される．

③ 加齢による呼吸機能の変化

　加齢による変化では，肋軟骨の石灰沈着や胸壁の支持組織の線維化が生じる．さらに，肋間筋や横隔膜など呼吸に関連する筋力が弱まるため，肺・胸郭の伸展性が低下し肺活量1秒率，最大換気量が減少し，残気量が増加する．高齢者は成人に比べ気道クリアランス（気道内に侵入した異物を除去する能力のこと）が低下し咳嗽反射の効率が悪くなる．

④ 呼吸に異常が起きたときの状態

　呼吸がしにくくなる原因は，大きく分けて3つある．① 気道に問題がある場合．鼻腔や口腔から空気が入りにくい．風邪で鼻が詰まったり，口にものがたまったりした状態のとき．② 呼吸運動に問題がある場合．横隔膜や呼吸筋を十分に動かせない呼吸筋の麻痺などのとき．③ 肺に問題がある場合．肺でのガス交換が十分にできない．肺炎で肺に炎症が起きている，肺に水がたまって面積が少なくなっているとき．この時，息がしにくい，苦しいなどの自覚症状と他者から見ても息が荒く，苦しそうな様子や肺に問題がある場合では，呼吸音もヒューヒューやゼイゼイなどの音がする．

　一方，呼吸障害が徐々に進行していく場合は，本人がその状態に慣れてしまい気がつかないことがある．その場合は，なかなか寝付けない，頭痛がする，喀痰がきれないなどの自覚症状が認められる．また，声が小さくなった，食事量が減った，ボーとしていることが多くなった，顔色が良くないなどの様子やチアノーゼ（顔や唇，爪の血色が悪く紫色に見える），脈が速い経皮的酸素飽和度SpO_2が90％以下などの様子が認められる．

⑤ 呼吸障害

　気道に喀痰などで気道が狭くなっている場合は，吸引をして喀痰を取り除く．喀痰がかた

まっているときは，薬や水などを吸入して喀痰をやわらかくする．

　呼吸運動ができないときは，人工的に換気を助けるために酸素ボンベや人工呼吸器を使用して換気を助ける．本人に呼吸する力が残っているときは，口と鼻をマスクで覆い非侵襲的人工呼吸療法（NPPV）を用いる．呼吸障害が進むと，全面的に呼吸の補助が必要になり，より確実に換気を行うために，気道に手術で穴を開けて（気管切開），そこに気管カニューレを挿入して，人工呼吸器を装着する侵襲的人工呼吸療法（TPPV）を行う．

　気管カニューレの装着により，一般に発声ができなくなる．構音機能（話す機能）が残っていれば器具の使用などで発声が可能な場合がある．侵襲的人工呼吸療法（TPPV）を選択した場合，24時間人工呼吸を使って生活していくことになる．

2　痰吸引が必要な場合

1　主な疾患

① 筋萎縮性側索硬化症患者（ALS）

　筋萎縮性側索硬化症患者（ALS）とは，主に中年以降に発症し，随意運動（自分の意思によって行う運動）をつかさどる一次と二次（もしくは上位と下位ともいう）運動ニューロン（運動神経細胞）が選択的かつ進行性に変性・消失していく原因不明の神経難病である．約10％は遺伝性と考えられている．症状は，筋萎縮と筋力低下で，進行すると，手の動作障害，歩行障害，コミュニケーション障害，呼吸障害などが生じる．感覚障害や眼球運動障害はみられないが病気の進行が早く，人工呼吸器を用いなければ通常は，2〜4年で死亡することが多い．

　近年，胃ろうによる栄養管理の発達や人工呼吸療法（鼻マスクによる非侵襲的陽圧呼吸（NPPV）や気管切開による陽圧人工呼吸（TPPV））などの発達により10年以上の長期にわたって療養を行っている患者が増加している．そのため，食事の飲み込み障害や呼吸筋の麻痺で喀痰喀出障害が出現した時に，喀痰吸引などの処置が日常的に実施される．

② 重症心身障害

　重症心身障害では，重度の肢体不自由と重度の知的障害が重複した状態のある子どもを重症心身障害児という．成人した場合に重症心身障害者という．これは，医学的診断名でなく児童福祉での定義で，発生原因はさまざまである．障害には姿勢の異常，手足の変形や拘縮，筋肉の緊張，移動障害，排泄障害，食事摂取の障害，コミュニケーション障害やてんかんの合併などさまざまな症状を呈する．重症児・者は，栄養摂取や呼吸も困難な状態となり，経管栄養や気管切開，人工呼吸器を使用して生活している．そのため，さまざまな程度の食事の飲み込み障害や喀痰の排出障害を持つ重症心身障害児・者に対して喀痰吸引の処置が日常的に実施される．

③ 筋ジストロフィー

　筋ジストロフィーとは，筋肉自体に遺伝性の異常が存在し進行性に筋肉の破壊が生じるさま

ざまな疾患を総称している．代表的なデシェンヌ型は，通常 2 ～ 4 歳頃転びやすいなどの異常で発症し10歳代で車椅子生活となる，男性に多い重症な病気である．昔は，20歳前後で心不全・呼吸不全により死亡していたが，さまざまな人工呼吸療法や栄養管理の進歩により生命予後が延びている．そのため，食事の飲み込み障害や喀痰の喀出困難に対して，喀痰吸引などの処置が日常的に必要となる．

④ 遷延性意識障害

遷延性意識障害とは，いわゆる植物状態ともいわれる．自力移動ができない，自力摂取ができないなどの障害が生じ，原因は，脳の外傷や脳血管，循環器，呼吸器疾患などで意識不明になり救急救命医療で一命をとりとめその後，意識障害が遷延して起こる．嚥下や喀痰喀出に障害が生じ，施設や在宅の場で喀痰吸引などが必要になる．

⑤ 脊髄損傷（高位頸髄損傷）

脊髄損傷とは，脊柱に強い外力が加えられて脊椎が損壊し，その中を通る中枢神経の脊髄に損傷を受ける病態をいう．脊損とも呼ぶ．

高位頸髄損傷とは，脊髄のうち高い位置である首のあたりで脊髄に損傷をきたした場合をいう．原因は，交通事故，高所からの転落，転倒，スポーツによる外傷などで水泳の飛び込み，スキー，ラグビー等がある．首のあたりで脊髄に損傷をきたした場合，手足の麻痺，障害部以下の身体の感覚障害，排尿・排便障害，呼吸筋等麻痺を呈し，喀痰吸引などの処置が必要となる．

2 痰を出しやすくする手技

排痰促進法には，体位ドレナージ，スクイージング，カフアシスト，軽打法，振動法などがある．体位ドレナージは，肺理学療法のひとつで重力を利用して気道内分泌物を小気管支から大気管支へ誘導し，排出することを目的としている．体位ドレナージは，薬剤の吸入や内服，胸部手叩打法などと併用する．スクイージングは，痰のある胸郭を呼気時に圧迫することにより呼気流速を早め痰の移動を促し，吸気を受動的に行い痰の移動を促進する方法である．カフアシストは，咳嗽の補強ができ気道内分泌物の除去を助ける．

① 体位ドレナージ

体位ドレナージが可能か全身状態のアセスメントを行う（体温，脈拍，呼吸，血圧の値が安定しているか，動悸・息切れの症状の有無など）．患者に実施の目的と方法を伝える．痰は重力の影響を受けやすい，臥床時に下になっている部位に貯留しやすいため，その部位が上になるように，体位を整える．

仰臥位：肺尖区と前上葉区と前肺底区

前方へ45度傾けた側臥位：後上葉区と上～下葉区と後肺底区

側臥位：外側肺底区と患側上肺野

後方へ45度傾けた側臥位：中葉と舌区

腹臥位：上～下葉区と後肺底区

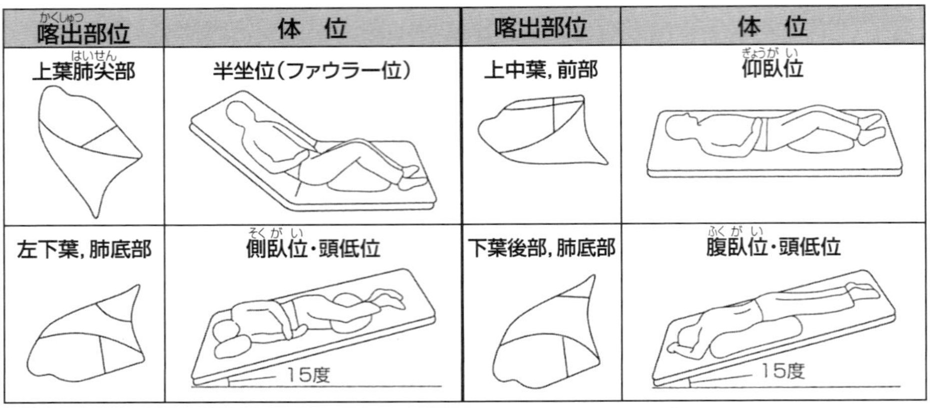

喀出部位	体 位	喀出部位	体 位
上葉肺尖部	半坐位(ファウラー位)	上中葉，前部	仰臥位
左下葉，肺底部	側臥位・頭低位 15度	下葉後部，肺底部	腹臥位・頭低位 15度

図2-1　体位ドレナージのタイプ

出典）小木曽加奈子監修『看護師国試必修問題攻略ブック』成美堂出版，2012，p.330 より作成

② スクイージング

　スクイージングは，胸郭に手を置き，呼吸に合わせて軽く圧迫することでより深い呼吸を促し肺への空気の流入を改善させる方法．この呼気介助法は，痰の貯留する胸郭に手を置いて手掌全体で均一に始めは軽く圧を加え，呼気終末に圧が強くなるようにする．

　これらの去痰法は，利用者の呼吸パターンや胸郭の動き，呼吸筋の収縮状態などを観察して行う．利用者の安楽やリラクセーションが図れるように体位を整え，緊張をほぐすと効果的である．

③ カフアシスト

　カフアシストは，2010年から保険適応となった．目盛りによって，陽圧と陰圧の調整ができ，空気を吸い空気を吐く時に吸われて深呼吸できる．肺のすみずみまで動かすので，肺胞などにある痰が一緒に吸われて出てくる．

③ 環境整備（加湿など）

　利用者にとってベッドやその周囲が清潔で快適に過ごせるように環境を整える．さらに，感染予防のためにも，基本となる手洗いうがいを徹底して，細菌やウイルスの排除を行う．

　手洗いは，ケアの前後に流水と石鹸で15秒以上かけて行う．室温と湿度は，適切に保ち夏季は，室温25～28度，湿度は55～65％で，冬季は，室温18～22度，湿度は45～60％程度にする．

3　痰吸引の実際

1　口腔内吸引

　口腔内吸引は，奥歯と頬の間，舌の上下と周囲，前歯と唇の間などを行う．口腔の奥を刺激する嘔吐反射が起こるのでこの部位は刺激しないようにする．

　吸引圧の圧力計の表示は，mmHg であったが，近年は kPa（キロパスカル）で表示されている．−150mmHg ＝ −20kPa である．吸引圧は −150mmHg（−20kPa）に調節する．

2　鼻腔内吸引

　鼻腔吸引は，粘膜から出血しやすいので吸引カテーテルを挿入する手と反対の手で，カテーテルの根本を押さえ陰圧がかからないようにして吸引カテーテルを挿入する．手で扱う場合は，ペンを持つようにしてカテーテル先端を鼻孔から鼻腔内の構造に沿って上向きに挿入する．先端が通りにくくなったら，カテーテルを下向きに変えて，鼻腔の底を這わせるように深部に挿入する．入りにくければ，もう一方の鼻腔から 8〜10cm 挿入する．奥まで挿入できたら反対の手を離して，陰圧をかけながらゆっくりカテーテルを引き出す．その際カテーテルは，こよりをよるように左右に回転させながら吸引する．

3　気管カニューレ内部の吸引

　気管カニューレ内の吸引は，1 回に15秒以内に短時間に確実に痰を吸引する．気管内は空気と一緒に細菌が侵入しやすいので，吸引の際に，感染の原因となる分泌物や細菌を付着させないように清潔な吸引カテーテルや滅菌蒸留水などを用いて，無菌的に操作する．

　吸引圧は −150〜−200mmHg（−20〜−27kPa）に調節する．

4　痰吸引の実際

表 2 - 8　口腔・鼻腔吸引の方法

	主な行動	具体的行動	備　考
準備	1. 吸引の説明	1）呼吸状態を胸壁の動きや呼吸音で観察する 2）目的や方法を説明し，同意と協力を得る 3）吸引について疑問や不安がないか尋ねる	 手首まで洗う
	2. 必要物品を準備	1）液体石鹸で手を洗いペーパータオルで丁寧に水分をふき取る（速乾性擦式手指消毒剤の使用も可） 2）吸引器，吸引カテーテル，滅菌蒸留水，手指消毒剤，消毒綿，ディスポーザブル手袋，廃棄用袋，聴診器，血圧計，パルスオキシメーター 3）吸引器の作動点検を行う 4）利用者のもとに物品を運び使用しやすいように配置する	

実施	1. 患者の準備	1）吸入やうがいを行い，セミファウラー位にする 　顔は横に向ける 2）吸引中の合図について説明する	
	2. 吸引カテーテルの準備	1）ディスポーザブル手袋を着用する 2）吸引カテーテルのパックを開け吸引管と接続する 3）カテーテルを取り出す 4）吸引圧を−150mmHg（−20kPa）に調節する 5）カテーテルの先端から5〜6cmの部分を持ち少量の滅菌蒸留水を吸引する	 状況によってはファウラー位
	3. カテーテルを口腔に挿入	1）○○さん口の中の吸引をさせて下さいねと声をかける．舌を前に出すようにすると管が入れやすいことを説明する 2）利き手の反対の手でカテーテルの根本を押さえ陰圧がかからないように挿入する	
	4. 吸引実施	1）口腔のカーブに合わせ，粘膜を刺激しないように口腔内を吸引する（口蓋垂は刺激しない） 2）吸引時間は15秒以内とする	
	5. 吸引カテーテルを抜去	1）吸引後はカテーテルを静かに抜去する 2）利用者と家族に吸引が終わったことを伝える 3）気分や息苦しさがないか尋ねる 4）カテーテルの先端に向かって消毒綿で拭き，分泌物を取り除く 5）水を吸引し，カテーテルの内腔を洗浄する 6）カテーテルの外側をアルコール綿で拭く	先端が不潔にならないように留意する
	6. 続いて鼻腔内を吸引	1）患者の呼吸状態を観察する 2）鼻腔内吸引が必要なら，患者に声かけを行う 3）利き手の反対の手でカテーテルの根本を押さえ陰圧がかからないようにする 4）カテーテルの先端から10cmの所を親指，人差し指，中指の3本でペンを持つようにつまみ鼻孔からカテーテルを上向きに挿入する 5）カテーテルが奥に当たったらカテーテルを下向きに変え鼻腔のカーブに沿って10cm挿入する 6）吸引をかけながら指でカテーテルをこすり合わせるように回転させてゆっくり抜いていく 7）利用者と家族に吸引が終わったことを伝える 8）気分や息苦しさがないか尋ねる	 両方から行う場合は，口腔吸引後に鼻腔吸引を行う
	7. 吸引カテーテルを廃棄	1）カテーテルの先端に向かって消毒綿で拭き，分泌物を取り除く 2）水を吸引し，カテーテルの内腔を洗浄する 3）吸引器のスイッチを切る 4）カテーテル，手袋を廃棄する 5）吸引後の観察を行う（吸引物及び呼吸状態） 6）ねぎらいの言葉をかける	 一方向に向かって拭く カテーテルを再利用する場合は，決められた方法で保管する

1. 後片づけを行う
2. 手洗いをする
3. 報告・記録をする

表2-9　気管カニューレ内の吸引

	主な行動	具体的行動	備　考
準備	1. 吸引の説明	1）呼吸状態を胸壁の動きや呼吸音で観察する 2）目的や方法を説明し，同意と協力を得る 3）吸引について疑問や不安がないか尋ねる	気管カニューレを使用している利用者は呼吸状態が悪いため，痰吸引中に人工的換気を要する場合がある．そのため，アンビューバックを用意しておく
	2. 必要物品を準備	1）液体石鹸で手を洗いペーパータオルで丁寧に水分をふき取る（速乾性擦式手指消毒剤を使用も可） 2）吸引器，吸引カテーテル，滅菌蒸留水，手指消毒剤，消毒綿，ディスポーザブル手袋，廃棄用袋，聴診器，血圧計，パルスオキシメーター，アンビューバック 3）吸引器の作動点検を行う 4）患者のもとに物品を運び，使用しやすいように配置する	
実施	1. 患者の準備	1）ファウラー位にする．顔は横に向ける 2）吸引中の合図について説明する 3）フレキシブルチューブのコネクターを気管カニューレから外す．水滴が気管カニューレの中に落ちないようにして，外したコネクターは清潔なタオルの上に置いておく	
	2. 吸引カテーテルの準備	1）ディスポーザブル手袋を着用する． 2）吸引カテーテルのパックを開け，吸引管と接続する 3）カテーテルを取り出す 4）利き手でない方の手で吸引圧を－150〜－200mmHg（－20〜－27kPa）に調節する 5）カテーテルの先端から10cm の部分を持つ	痰吸引前に利用者の状態を確認し，異常があれば医療者へすぐに連絡をする
	3. 気管カニューレに挿入，吸引を行う	1）声かけを行う 2）吸引圧をかけないでカテーテルを挿入する 3）先端が貯留部位に達したら，圧を徐々にかけて吸引する．指で回転させながらゆっくり抜いていく 4）吸引時間は15秒以内とする	カテーテルが周囲に触れないよう不潔にならないように取り出す
	5. 吸引カテーテル抜去	1）吸引後はカテーテルを静かに抜去する 2）利用者と家族に吸引が終わったことを伝える 3）フレキシブルチューブ内の水滴をタオルに捨ててコネクターと気管カニューレを接続する 4）サイドチューブがある場合，吸引を行う 5）カテーテルと接続管の内腔を洗浄する	
	6. 吸引カテーテルを廃棄する	1）カテーテルを破棄する 2）吸引器のスイッチを切る 3）カテーテル，手袋を廃棄する 4）吸引後の観察を行う 5）気分の不良や息苦しさがないか尋ねる 6）ねぎらいの言葉をかける	

1. 後片づけを行う
2. 手洗いをする
3. 報告・記録をする

35

5 痰吸引のチェックリスト（知識・技術）

1 あなたの「痰の吸引」の知識について，あてはまる箇所に 1 つだけ○をつけて下さい.

	知識が全くない	知識があまりない	知識がある	知識が充分ある
1) 痰貯留時の呼吸音と痰が除去された時の呼吸音の（生理学的な）違いが分かる	1	2	3	4
2) 痰の吸引における清潔保持の必要性が分かる	1	2	3	4
3) 挿入時は吸引圧をかけず，引くときに回転させ吸引しながらカテーテルを抜くことが分かる	1	2	3	4
4) 吸引に誘発された嘔吐物が気管内に流れ込むと誤嚥性肺炎の可能性が高まることが分かる	1	2	3	4
5) 気切内吸引は無菌操作で行うことが分かる	1	2	3	4

2 あなたの「痰の吸引」の技術について，あてはまる箇所に 1 つだけ○をつけて下さい.

	実践が全くできない	実践があまりできない	実践できる	実践で充分できる
1) 痰貯留時の呼吸音と痰が除去された時の呼吸音の区別ができる	1	2	3	4
2) 痰の吸引前後の手洗いを実施できる	1	2	3	4
3) 挿入時は吸引圧をかけず，引くときに回転させ吸引しながらカテーテルを抜くことができる	1	2	3	4
4) 吸引で誘発された嘔吐では，利用者を側臥位にして気道に流れ込むことを防ぐことができる	1	2	3	4
5) 無菌操作で気切内吸引を行うことができる	1	2	3	4

第 3 節　経管栄養法（知識・技術）

1 摂食・嚥下困難

1 口から食べること

「口から食べる」ということは，単に生命維持のための水分や栄養補給だけでなく本能的な行為であり，人としての社会的な楽しみの要素も含まれる.

　高齢者が一日中，ベッドで生活していても，一日当たり1,000〜1,200kcaℓ 以上栄養が必要である．十分な栄養素やカロリーは筋肉の委縮を予防し，免疫力の低下による感染症や褥瘡の予防にも効果がある．食事については，3大栄養素であるたんぱく質，脂質，糖質の他，ビタミン，ミネラルの補給をバランスよく，水分の補給は一日当たりおよそ2,000㎖以上を必要とする．ただし，心不全や腎不全など水分制限を必要とする疾患もあるので十分注意を払う必要がある．家族や友人と共に食卓を囲み，食事中のコミュニケーションを交わしながら，食物のにおい，色彩，味，食感などが楽しみをもたらしている．

② 摂食・嚥下機能のプロセス

　「口から食べる」行動は摂食行動と嚥下運動によって成り立っている一連のプロセスである．嚥下運動は，食物を口腔から咽頭，胃へ送りこむ一連の能動的輸送運動のことをいい，「先行期」，「準備期」，「口腔期」，「咽頭期」，「食道期」の5期に分類される．

【先行期】　食物を口の中に入れる前の時期で，食物の種類，量，食べ方などを認識・判断し，口に運ぶ段階である．実際にはまだ，食物を摂取していないにもかかわらず，嘱目の匂いやそのものを見たりすることで，胃腸が活発に動き始める．（例：焼肉や鰻のかば焼きの匂いで食欲がそそられるなど）．認知症では，食物を認識できず，食べるということが分からず，摂食・嚥下に全く問題がなくとも，必要な栄養を摂取できず，経管栄養となってしまうこともある．

＜観察のポイント＞
・意識レベル（JCS など）
・覚醒の状態（しっかりと起きているか）
・意思疎通が図れるか
・認知機能（認知症による困難がある）
・食事摂取をする時間体位の保持ができるか（身体機能の評価）
・両上肢の機能（麻痺や拘縮の有無・関節可動域の制限など）
・食事内容が適切であるか（形態なども）
・福祉用具の必要の有無と適切性（持ちやすいスプーンなど）
・摂食姿勢（座位，ベッド上ギャッチアップなのか）

【準備期】　食物を咀嚼して嚥下しやすい状態に食塊を形成する段階である．高齢になると唾液量の分泌低下により，口の中がぱさぱさしてしまい，食塊形成に困難をきたすことが多くなる．そのため，食事を食べる前にお茶を飲むや食事中にも汁物などを摂取するよう心掛ける．口腔内の炎症がないか確認し，義歯の不適合などがないよう定期的に歯科検診を受けることが望ま

しい.

<観察のポイント>
・口腔内の乾燥状態（ドライマウスの場合は，お茶など水分で口腔内を湿らす）
・唾液の分泌は充分であるか
・口唇をしっかり閉じることができるか
・舌の運動と可動域が十分に保たれているか
・顎関節運動が良好であるか
・咀嚼力（どれくらいのものを噛むことができるか．避けている食べ物はあるか）
・歯及び義歯の状態
・歯肉の状態

【口腔期】　食塊を舌奥へ移送し，口腔内から咽頭へ送る段階である．口腔機能が低下すると，口腔内に長く食物がとどまってしまうこともあるため，食事介助の際は咀嚼が止まったにもかかわらず，嚥下していないようであれば，【咽頭期】への移行を促すためにも嚥下する声をかける．また，日々の口腔ケアの際には，食物残渣が口腔内に残存していないか確認し，その状況によって，食事形態の変更や食事介助の方法を改善する.

<観察のポイント>
・咀嚼が十分行え，喉の奥へ食塊を送り込めているか
・舌の動きと可動域
・口腔内の食物残の有無（食塊としてまとめることができず，舌の下や頬の内側に食物の残留がないか）

【咽頭期】　食塊が咽頭から食道へ反射的に移行する段階である．通常は，食物が気管に入らないよう喉頭蓋が気道を閉鎖するが，その機能がうまく働かないと誤って気管に入ってしまい誤嚥となる．誤嚥は生命にかかわる重大なアクシデントであるためあらかじめ，嚥下機能を評価しておく.

<観察のポイント>
・食事中にむせがないか（液体がむせやすいかなど，誤嚥の原因となった食品を把握する）
・食事中の咳込がないか
・食事中に鼻水がないか（お茶などが鼻から出ることもある）
・湿性嗄声になっていないか
・喉のあたりでゴロゴロしていないか
【食道期】　食塊が蠕動運動によって食道から胃へ送る時期である．食道動脈瘤や食道がんでは

通過障害が生じるが，高齢者の場合は消化管の粘液量も低下しているため，つっかえ感などが生じやすい．水分を取りながら食事を摂取するよう介助する．

＜観察のポイント＞
・食後の体位
・嚥下終了後に咳がないか
・嚥下後の胸のつかえ感
・嘔吐など
・むかむかするなどの気分不快
・食物が逆流

　これらの過程は，神経や筋肉の複雑な協調運動によって維持されており，障害をきたすことで生命維持や QOL を脅かす重大な問題となる．

　摂食・嚥下障害をきたす原因は，器質的障害と機能的障害に分類される．
　器質的障害の原因は，口腔，咽頭，喉頭の癌などや切除によって生じるものであり，機能的障害の原因は，脳血管障害，外傷性脳損傷，パーキンソン病などの変性疾患や筋委縮性側索硬化症などがある．
　高齢者においては，加齢により摂食・嚥下機能は低下する．歯牙の欠損による咀嚼障害，唾液分泌の低下，嚥下反射の遅延，安静時の喉頭の低位などがある．他には嚥下反射を遅延させる薬剤として，トランキライザーや抗痙攣，筋・骨格筋の機能障害を起こす抗コリン，抗うつ剤などがあげられる．
　嚥下障害の原因が中枢神経にある場合，その病巣部位により仮性球麻痺と球麻痺に分類される．仮性球麻痺は，延髄より上位での中枢神経障害で，延髄の嚥下中枢機能は残存しており，嚥下反射は見られる．また球麻痺は，延髄における嚥下中枢の障害による麻痺で，嚥下反射は障害される．

表 2-10　仮性球麻痺と球麻痺の鑑別と特徴

	仮性球麻痺	球麻痺
障害部位	延髄より上位 （大脳が多い）	延髄 （嚥下中枢）
嚥下反射	あることが多い	なし，あっても弱い
病巣	両側性	片側性
代表的疾患	大脳での出血や脳梗塞（多発性を含む）	ワーレンベルグ症候群
嚥下機能障害の特徴	嚥下機能にかかわる筋力低下と協調性の低下 口腔・咽頭期障害による嚥下障害	食道入口部における輪状咽頭筋の弛緩障害
高次脳機能障害	伴うことがある 認知症を含む	なし

〈摂食・嚥下障害がもたらす影響〉

　摂食・嚥下障害の原因・誘因は，脳血管疾患や神経難病をはじめとし，嚥下機能の低下によって食物が気管に誤って入ってしまうことであり，誤嚥という．

　高齢者では加齢に伴う唾液分泌量や舌の運動機能の低下，歯の欠損が複雑に作用し，咀嚼機能の低下をもたらす．また舌筋，咀嚼筋・顔面筋の筋力が低下し舌・舌骨・咽頭が下垂することによって，嚥下時に喉頭が十分に挙上しないため喉頭蓋の閉鎖が不完全となり，誤嚥が生じる．高齢者では明らかな異常がなくても，嚥下のそれぞれの時期に嚥下障害がある場合がある．摂食・嚥下障害がもたらす影響でもっとも重大なのが誤嚥性肺炎である．

　誤嚥には3種類ある．
・むせのない誤嚥性肺炎…高齢者に多く，加齢による気管の機能の低下により，むせがなくても食事や唾液を誤嚥していることがある．
・防衛機能や抵抗力低下による誤嚥性肺炎…食物を誤嚥したらすぐに肺炎を併発するということではない．しかし，高齢者の生体防御機能や抵抗力の低下により，口腔内屋上気道に細菌が付着していると，食物と一緒に唾液や喀痰を誤嚥することによって肺炎を併発する．
・逆流や分泌物による誤嚥性肺炎…経管栄養法や胃ろうで栄養管理をされて入れている場合，胃－食道逆流によって胃内容物を誤嚥したり，点滴栄養法で飲食していないのに，鼻・口腔・咽頭の分泌物に細菌が繁殖しそれを誤嚥することによって肺炎を併発する．

　誤嚥性肺炎の症状は，発熱，せき込み，食欲低下などによって気づくが，高齢者の場合症状が必ずしも著明でないものもあり，観察が重要な意味を持つ．誤嚥性肺炎は，高齢者の死亡順位の第3位を占める重要な疾患として報告されている．

　食事前に口腔ケアを行うことは，口腔内の細菌数などを低減できるため，誤嚥性肺炎の予防として有効である．特に，胃ろうなどで経口摂取を行っていない場合は，口腔衛生を保つことが難しくなるため，通常よりも十分な口腔ケアが必要になる．口腔内が乾燥している場合は，あらかじめ人口唾液などを用いて，口腔内に水分を浸透させることで，口腔内を傷つけず，汚れをとることが可能となる．

3　摂食・嚥下のアセスメント

　摂食・嚥下に関するアセスメントは，食生活に関連した総合的な行動を摂食行動としてとらえ，先行期・準備期・口腔期・咽頭期・食道期にあたるアセスメントについてアセスメント項目とチェックポイントを示す．

　アセスメントの項目としては，「食欲の状態」「食べ物の認識の状態」「口への取り込み状態」「咀嚼と食塊形成の状態」「咽頭への送り込みの状態」「咽頭通過・食道への送り込みの状態」

40

「食道通過の状態」「その他」があり，それぞれの課題に対してケアを行う．

表 2-11　摂食・嚥下のアセスメント

アセスメント項目		チェックポイント	チェック欄	
			Yes	No
食欲の状態	食欲 活動状態 生活習慣 姿勢	一般状態：呼吸状態，顔色，痰の量，喘鳴，肺雑音，発熱はないか 食欲はあるか 食事環境はよいか 食事の体位はとれるか 姿勢の保持はできるか 精神的問題はないか		
食べ物の認識の状態	食べ物の認識	意識がはっきりしているか 理解力は良いか スプーンなどが口唇に触れると開口するか 食べ物を認識できるか 食べ物を選択できるか 1回に口に入れる食べ物の量が適切か		
口への取り込み状態	上肢運動 開口障害の有無 口への取り込み	上肢の運動に問題がないか 巧緻性はよいか 開口状態はよいか 表情で額のしわ・閉眼・鼻唇溝・口角の左右差がないか 口唇が閉じられるか 口唇音の発音できるか 口唇から唾液が漏れないか 口から食べこぼしはないか		
咀嚼と食塊形成の状態	口腔内の状態 歯牙の状態 唾液の分泌の状態	歯牙があるか 義歯があっているか 口腔粘膜の問題がないか		
	顎関節・咀嚼筋	口臭がないか		
	顎関節による 上下・回旋運動 舌の運動障害はあるか	口腔粘膜の乾燥はないか 下顎の上下・回旋運動ができるか 噛むことができるか 舌の突出・後退，口蓋につけることができるか 舌で口唇をなめることができるか		
咽頭への送り込みの状態	咽頭通過 口腔知覚障害 舌の運動障害	飲み込みに時間がかからないか 口の中に食べ物をためこんでいないか 上を向いて飲み込んでいないか		
咽頭通過・食道への送り込みの状態	嚥下反射 嚥下反射の減弱，喉頭挙上不全はあるか，食道への送り込み	水でむせていないか 食べ物でむせていないか 食後に咳がないか 喉に食べ物の残留感がないか 喉がゴロゴロしていないか 痰の量が増えていないか		
食道通過の状態	食道通過 胃食道逆流	胸やけがないか 飲み込んだ物や酸っぱい液が喉に逆流していないか 就寝中に咳がでないか		

| その他 | | 一般的情報，食事習慣（食事の内容・時間・量），嗜好（喫煙・飲酒）
家族構成，調理担当者
嚥下機能に影響のある薬剤
嚥下障害に対する利用者や家族の理解 | |

出典）堀内ふきら編『ナーシンググラフィカ 27. 老年看護学 2 老年看護の実践』メディカ出版，2005，p.99 より作成

④ 食事形態の工夫（ソフト食など）

　摂食・嚥下障害のアセスメントはどの機能が維持され，どの機能が障害されているかを客観的に判断し，可能な限り経口的に食べる意欲や楽しみを維持することは看護・介護の重要な役割である．

　その際，食べやすい食事形態や好みを活かし，通常の食事より食材の大きさ，柔らかさ，なめらかさを配慮することが重要である．食べられないと言って安易にきざみ食やミキサー食にして食材の色や香り，味を混ぜてしまうようなことは避けたい．

　摂食・嚥下障害のある人には表2−12のようなのみ込みにくい食事の特徴を避け，食べやすい食品や調理の工夫に努めたい．

表2−12　　のみ込みにくい食事の特徴

特　徴	性状と食品の例
パサパサしたもの	水分の少ないもの（パン，カステラ，ゆで卵，焼き芋） パラパラになるもの（クッキー，きざみ食）
かみ切りにくいもの	堅いもの（いか，ごぼう） 粘度がありすぎるもの（餅，芋，かぼちゃのマッシュ） 口腔内に張り付きやすいもの（海藻類，のり，葉物野菜）
水分の多いもの	さらさらした液体（水，お茶） 水分と固形物が分かれているもの（みそ汁，三分がゆ） 酸味のつよいもの（酢の物）
嫌いなもの	嗜好による

〈誤嚥の危険性のある人の食事形態の工夫〉

　誤嚥の危険性がある利用者が，安全に口から食物を摂取できるように工夫された食事を嚥下障害食という．その特徴は以下の条件があげられる．

> ① 適度な粘度があり，食塊形成がしやすい
> ② 口腔や咽頭を変形しながら滑らかに通過する
> ③ 密度ができるだけ均一である
> ④ べたつかず，のどごしがよい

具体的な嚥下障害の改善につながる食形態の例を以下に示す．

　　プリン状…プリン，ババロア，ムース

　　ゼリー状…牛乳ゼリー，果汁ゼリー，ヨーグルト

　　　ポタージュ状…クリームスープ，シチュー

　　　蒸し物…豆腐，卵豆腐，茶碗蒸し

　　　かゆ状…全粥，五分粥，三分粥

　　　その他…とろろ芋，かぼちゃ・ジャガイモのとろみあんかけ，嚥下困難者用の食品を利用
　　　　　する

　粘りの少ないきざみ食やミキサー食は，そのままでは口腔内で広がり食塊が形成しにくいため，増粘剤を使用することにより咀嚼・嚥下を容易にする補助食品がある．増粘剤の原材料別種類ではガム系，でんぷん系がある．ガム系は20分くらい経過しないと硬さが安定しないが，でんぷん系は5分くらいで安定する．増粘剤の性状にはパウダー状，顆粒状，ジュレ状，ゼリー状，液状などいろいろある．増粘剤は添加する液体によって風味が変化することがあるので，添加量を考慮して使用する必要がある．

　食べやすい食材や食形態は個々の利用者により違いがあるので，むせ・咀嚼の状態にあった食形態や増粘剤の選択をした食事の提供が大切である．

　食事の基本を踏まえ，摂食・嚥下機能に障害のある人にも安全で，おいしく，楽しく食するための食形態として開発されたのが「ソフト食」である．ソフト食は，きざみ食の欠点である口腔残渣が残りやすい，食塊形成しにくい，見た目が悪い，を改善したものである．この原料は牛骨などのゼラチン（コラーゲン）を多く用いる．その理由は，溶解温度が50〜60℃，ゲル化時間は20℃以下の環境で16〜18時間，ゲル化溶解温度は25〜30℃（気温により上下する）であるからである．これに類似するものに寒天がある．寒天の原料は紅藻類で，溶解温度は90〜100℃，ゲル化時間は常温で5〜24時間，ゲル化溶解温度は100℃である．

　寒天よりゼラチンの方が嚥下しやすいとされ，嚥下に適したゼラチンゼリーの濃度は，1.6〜2.0%（気温により変動させる．宮崎県は気温が高いので2.0%が適している）である．

　最近では寒天を用いて嚥下しやすく加工されたものも開発されている．

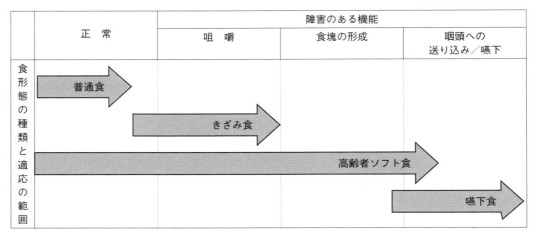

<table>
<tr><th></th><th>正常</th><th colspan="3">障害のある機能</th></tr>
<tr><td></td><td></td><td>咀嚼</td><td>食塊の形成</td><td>咽頭への
送り込み／嚥下</td></tr>
</table>

| 食形態の種類と適応の範囲 | 普通食 | きざみ食 | 高齢者ソフト食 | 嚥下食 |

図2-2　摂食・嚥下機能障害の部位と食形態の種類

＊高齢者ソフト食は，機能が正常な人から，咀嚼，食塊形成に障害のある人まで広く対応できる.
出典）黒田留美子『高齢者ソフト食』厚生科学研究所，2001，p.19 より作成

　日本介護食品協議会では，「ユニバーサルデザインフード」として，在宅で利用されやすく食品の選択の目安として，食品を「かたさ」や「粘度」に応じて「区分１～４」，「とろみ調整」に区分した指標を提示している．下記のようなロゴマークで商品表示をしている．また，とろみの状態についてメーカー間の表示を統一し，とろみのつき方を下記のように，４段階のイメージで表現している（商品によっては３段階で表示する場合もある）．各メーカーの商品パッケージに表示されている使用量の目安を確認のうえ，利用できる.

表2-13　とろみの目安の表示例

とろみの強さ	✚✚✚✚	✚✚✚✚	✚✚✚✚	✚✚✚✚
とろみのイメージ	フレンチ ドレッシング状	とんかつ ソース状	ケチャップ状	マヨネーズ状
イメージ図				
使用量の目安		1g	2g	3g

水・お茶100mgあたり
出典）日本介護食品協議会 http://www.udf.jp/about/toromi.html（2015 年 12 月 08 日アクセス）

とろみ調整食品の統一表示について，ユニバーサルデザインフードとして，表示されることもある．

〈ユニバーサルデザインフードの区分表〉

下記表の「かむ力，飲み込む力」を参考に区分を選び調理の工夫ができる．

※かむことや飲み込むことに重要な障害がある，または，それが疑われる場合は医療機関の専門家に相談することを勧める．

表2-14　ユニバーサルデザインフードの区分表

区　分	区分1 容易にかめる	区分2 歯ぐきでつぶせる	区分3 舌でつぶせる	区分4 かまなくてよい
かむ力の目安	かたいものや大きいものはやや食べづらい	かたいものや大きいものは食べづらい	細かくてやわらかければ食べられる	固形物は小さくても食べづらい
飲み込む力の目安	普通に飲み込める	ものによっては飲み込みづらいことがある	水やお茶が飲み込みづらいことがある	水やお茶が飲み込みづらい
かたさの目安　ごはん	ごはん～やわらかごはん	やわらかごはん～全がゆ	全がゆ	ペーストがゆ
さかな	焼き魚	煮魚	魚のほぐし煮(とろみあんかけ)	白身魚のうらごし
たまご	厚焼き卵	だし巻き卵	スクランブルエッグ	やわらかい茶わん蒸し(具なし)
調理例（ごはん）				
物性規格　かたさ上限値 N/m²	5×10⁵	5×10⁴	ゾル:1×10⁴ ゲル:2×10⁴	ゾル:3×10³ ゲル:5×10³
粘度下限値 mPa·s			ゾル:1500	ゾル:1500

※「ゾル」とは，液体，もしくは固形物が液体中に分散しており，流動性を有する状態をいう．「ゲル」とは，ゾルが流動性を失いゼリー状に固まった状態をいう．

出典）日本介護食品協議会 http://www.udf.jp/about/table.htm　（2015 年 12 月 08 日アクセス）

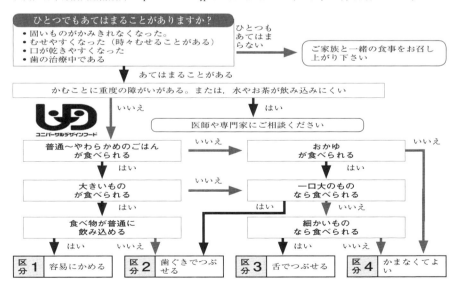

図2-3　区分選択の目安

出典）日本介護食品協議会 http://www.udf.jp/about/meyasu.html　（2015 年 12 月 08 日アクセス）

ソフト食の活用は，施設や在宅ばかりではなく，ホテルやレストランでも嚥下力の弱い人のためにソフト食を用いた「嚥下調整食」のコース料理が注目されている．

5 食事環境（姿勢や福祉用具など）

食事環境を整える目的はおいしく楽しく食事をすることにある．その人の障害や特徴を考慮して安全，安楽な体位や食事の配置に工夫が必要である．

① 食欲や食事が摂れる状態か

② 誤嚥は肺炎に結び付きやすいので予防のために，食事前の手洗いや口腔内の清潔を確認する．

③ 食事を集中して摂取できるように，食堂に行くなど環境を整える．

④ 体位は食べなれた体位がよいが，むせが強いときは体幹を30～45°ギャッジアップにし，顎を引いて頸部を前屈させ誤嚥予防の体位をとる．

⑤ 麻痺のある場合は，ファーラー位にして，麻痺側の肩の下に枕を当て，健側をやや下にした軽度側臥位にする．介助者は健側に立つ．

⑥ 食事はできるだけ自分で食べられるようにする．機能が低下している場合は，スプーンや皿，カップなどの自助具を活用する．

⑦ 一口ごとにのみ込みを確認しながら急がせず自分のペースで食べられるようにする．

⑧ よく噛んで味わいながらゆっくり食べるように指導する．

⑨ 食事時間を決め，一日の生活リズムをつくる．

〈食事を補助する福祉用具〉

中割れトングタイプスプーン

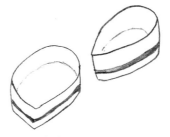

すくいやすい皿

スポンジ
この部分が曲がる
タイプもあります．

スポンジつきフォークやスプーン

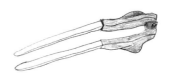

ピンセットタイプの箸

図2-4　機能が低下している場合の食事の自助具

2　経管栄養の実際

　栄養摂取の方法は口から食べるのが自然である．しかし障害によって口から摂取できない場合には非経口的な栄養法が行われる．非経口的な栄養摂取法は経管栄養法と静脈栄養法に大別される．経管栄養法には経鼻的，経口的，瘻の3種類がある．

　非経口的な栄養法であっても，その人の食生活の一部と捉え尊厳をもったケアに配慮する必要がある．

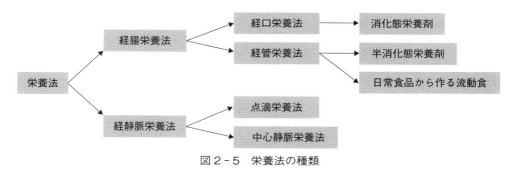

図2-5　栄養法の種類

① 胃ろう・腸ろう

　腹部の皮膚を介して直接的に瘻孔を造ってカテーテルから栄養剤を注入するのが胃ろう・腸ろうである．胃ろう・腸ろうは内視鏡的に造られ，経皮内視鏡的胃ろう造設術 Percutaneous endoscopic gastrostomy（PEG）という．経皮内視鏡的胃ろう造設術は，胃内視鏡を使って胃壁と腹壁を密着させ，上腹部の皮膚から針を胃に向かって差し込み，糸を通して胃壁と腹壁を固定しその中心部に孔をつくってその中に経管栄養用のカテーテルを差し込み，カテーテルの先端のバルーン（風船）を膨らませてカテーテルが抜けないように固定する方法である．

　この方法は，比較的簡単な手術によって行えること，造設すると高齢者自身の違和感も少なく，口からの嚥下訓練も可能であり，胃ろうの必要がなくなれば管を抜いておくと1日で孔が閉じるなど利点が多い．欠点は胃ろう周囲の皮膚がびらん状になったり，局所感染を起こしやすいことである．

　胃ろうカテーテルには，「チューブバンパー」「ボタンバンパー」「チューブバルーン」「ボタンバルーン」などいくつかの種類がある．体外からの形状では，「チューブ型」はチューブが長くついているタイプで，「ボタン型」はチューブがないタイプ，「バルーン型」は一般には注射器で蒸留水を注入する注水口のバブルがあるタイプ．このタイプは，バルーン水は1～2週間に一度看護師によって入れ替える．チューブ交換は「バルーン型」では1～2ヵ月に一度，「バンパー型」では4～6ヵ月に一度医師によって行われる．

造られたおなかの口を「胃瘻（胃ろう）」といい，取り付けられた器具を「胃ろうカテーテル」という（カテーテル＝管，チューブ）．口から食事のとれない方や，食べてもむせ込んで肺炎などを起こしやすい方に，直接胃に栄養を入れる栄養投与の方法である．

　胃ろうは，欧米で多く用いられている長期栄養管理法で，鼻からのチューブなどに比べ，利用者の苦痛や介護者の負担が少なく，喉などにチューブがないため，口から食べるリハビリテーションや言語訓練が行いやすいというメリットがある．

表2-15　バルーン型

ボタン型	チューブ型
＜長所＞ ・バルーンの中の蒸留水の出し入れが簡単 ・外に出ている部分が少なく邪魔になりにくい ・栄養剤にふれる部分が少ないので汚れにくい ・栄養物の逆流を防ぐ機能がついている ＜短所＞ ・バルーンが劣化などで破けることがある ・ボタンであるため開け閉めしにくい	＜長所＞ ・バルーンの中の蒸留水の出し入れが簡単 ・チューブ型であるため，栄養チューブとの接続がしやすい ＜短所＞ ・バルーンが劣化などで破けることがある ・外に出ている部分が多く邪魔になりやすい ・長いため汚染しやすい
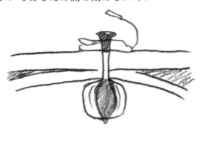	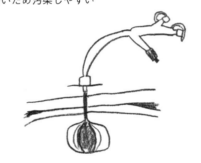

表2-16　バンパー型

ボタン型	チューブ型
＜長所＞ ・抜けにくく，交換間隔が長い ・外に出ている部分が少なく邪魔になりにくい ・栄養剤にふれる部分が少ないので汚れにくい ・栄養物の逆流を防ぐ機能がついている ＜短所＞ ・交換する時に痛みなどを生じる ・ボタンであるため開け閉めしにくい	＜長所＞ ・抜けにくく，交換間隔が長い ・チューブ型であるため，栄養チューブとの接続がしやすい ＜短所＞ ・交換する時に痛みなどを生じる ・外に出ている部分が多く邪魔になりやすい ・長いため汚染しやすい
	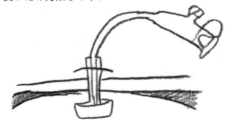

　腸ろうは，腹部から空腸に瘻孔を造り，チューブを留置して栄養剤を注入する方法である．この方法は，直接腸内に栄養剤が投与されるため，時間をかけてゆっくり投与する必要がある．このため自動注入ポンプなどを用いて，持続的投与になることが多い．またチューブが細いため栄養剤や薬物によっては閉塞が起きやすい．胃を通過しないで栄養剤が投与されるため，胃酸による殺菌効果がないので，栄養剤の汚染が問題になる場合がある．

　腸ろうの目的・適応は，胃が利用できない場合，胃の運動が障害されている．胃−食道逆流や肺への誤嚥のリスクが高い．

> 静脈栄養法：経口的に食事摂取できない時，また摂取した食物が病巣を刺激し治療の障害を及ぼすような時やエネルギー喪失が著しく，経口摂取量が相対的に不足した場合に，カテーテルの先端を上大静脈まで進めて，24時間持続的に体内に注入する中心静脈栄養法がある．

② 経鼻経管栄養法

　経鼻経管栄養法は，何らかの原因で経口摂取ができない場合に，身体の内部諸機能に適した栄養を適した方法で摂ることができる．また，経口摂取で十分な栄養が取れない利用者に対して行い，栄養状態を改善し，安全・安楽な生活を維持するために用いる．

　経鼻経管栄養法の適応は，何らかの内部障害を持っているために，健常者と異なる食事の内容や方法で栄養を摂取しなければならない高齢者や，意識レベルの低下や嚥下障害のために経口摂取に問題がある高齢者である．

　経鼻経管栄養法では，口から食物をとりこみ嚥下・咀嚼ができない場合に用いられ，鼻腔的から胃や小腸まで細いチューブを通して，流動食を注入して行う．

＜観察のポイント＞
・栄養物挿入前に必ず胃に入っていることを確かめる
　（胃液を吸引あるいは，空気を注入して聴診器で気泡音を確認）
・意識レベル（JCS など）
・上肢の可動域と運動性
・痛みや不快感
・鼻閉塞感

③ 栄養剤の種類と特徴

　経口摂取が可能で摂取量が減少した場合は，経口から経腸栄養剤などの栄養補助を検討する．何らかの原因で嚥下障害を生じた時は，短時間であれば，経鼻チューブからの栄養剤を選択し，4 週間以上の長期にわたる場合は胃ろう・腸ろうを造設して，栄養を投与するのが原則である．

（1）経管栄養剤の種類と特徴

表2-17　　経管栄養剤の種類と特

	半消化態栄養剤	消化態栄養剤	成分栄養剤
蛋白	蛋白	ペプチド	アミノ酸
投与経路	経鼻経管 胃ろう・腸ろう 経口	経鼻経管 胃ろう・腸ろう	経鼻経管 胃ろう・腸ろう
投与方法 栄養チューブサイズ	φ2～3mm（8Fr）	φ2～3mm（8Fr）	φ1mm（5Fr）
消化吸収	消化一部必要	消化一部必要	消化不要
取り扱い区分	医薬品・食品	医薬品・食品	医薬品

出典）日本静脈経腸栄養学会『コメディカルのための静脈・経腸栄養ガイドライン』南江堂，2000，pp.25-26より改変.

（2）経腸栄養法における投与法

　半消化態栄養食品には，低粘度（10～20mPa·s），中粘度（1,000～5,000mPa·s）高粘度（10,000mPa·s～）等，さまざまな粘度の栄養食品があるため，投与方法もさまざまである.

表2-18　　栄養食品の粘度と投与方法

栄養食品の粘度	投与方法
低粘度（10～20mPa·s）／液体栄養食	滴下法[*1]／経腸栄養ポンプ
中粘度（1,000～5,000mPa·s）／とろみ栄養食	手押し／器具を使用する方法（絞り器）／自然滴下法[*2]
高粘度（10,000mPa·s～）／半固形栄養食	手押し／器具をする方法（加圧パック）

*1 滴下法とは，低粘度の液体栄養食を栄養セットを介して，ローラークレンメで調圧をして注入する
*2 自然滴下法とは，中粘度のとろみ栄養食を，栄養セットを介さず，重力の落差を利用して注入する

　経腸栄養法は，鼻腔からの経鼻カテーテルや胃ろうを用いての低粘度の液体栄養食を栄養セットで注入する滴下法が主流である．近年では，摂食嚥下障害の患者に増粘効果のある寒天などを用いて固形化された栄養食を提供することが提唱されている．また，誤嚥性肺炎の防止を目的に，高粘度の栄養食品を用いる半固形栄養剤短時間摂取法についても論文などで立証され，今後注目したい投与法であるが，投与時には，介護者が患者と1：1で対応しなければならない問題点がある．一方，医療現場でよく用いられる液体栄養食の滴下法では下記のような課題が指摘できる.

- ・手技および管理の煩雑さがある
- ・イルリガードルや栄養セット使用時の細菌感染の危険性がある
- ・長時間投与による拘束・褥瘡発症への影響が懸念される
- ・液体栄養剤症候群*

＊胃ろうからの経管栄養において，液体栄養剤の注入に起因するさまざまな合併症や精神的,肉体的な苦痛をいう．胃にとって生理的な栄養剤では合併せず，非生理的な液体栄養剤の注入により生ずる医原性症候群である.

3　経管栄養の方法

表 2 - 19　胃ろうによる経管栄養

	主な行動	具体的行動	備　考
準備	1. 説明など	1）目的や方法を説明し，同意と協力を得る 2）指示内容の確認（注入開始時刻，注入時間など） 3）外的環境を整える（室温20℃前後，湿度50％前後）	
	2. 必要物品を準備	1）液体石鹸で手を洗いペーパータオルで丁寧に水分をふき取る（速乾性擦式手指消毒剤の使用も可） 2）カテーテル，キシロカインゼリー，注射器（20cc），ガーゼ，絆創膏，聴診器，イリゲータ 3）栄養剤は体温程度に加温し，注入用ボトルに入れる（半固形化の場合，栄養剤を容器に移し，増粘剤の準備）	
実施	1. 利用者の準備	1）半座位になるようにベッドを30～40度ギャッジアップする 2）前回注入した栄養物の消化状態（腹部状態や腸蠕動音，胃内残留物の確認） 3）瘻孔周囲の皮膚の状態と胃ろうチューブの観察をする 4）イリゲータの高さは心臓から50cmくらいに保つ 5）イリゲータのチューブの部分の空気を抜き，クレンメを止めてから体内にあるカテーテルとしっかり連結する	栄養剤は医薬品であるもののほか，市販のものや自宅や施設で作成する場合もある
	2. 栄養物注入	1）注入速度は決められた速度を守る 2）注入中は滴下状態を観察する 3）気分不快，嘔気や嘔吐などを観察する 4）挿入部や接続部の異常などがないか観察する 5）栄養物の注入が終わったら，クレンメで止める 6）指定された量の白湯を注入する ＊半固形の栄養物を注入する場合は，栄養剤を直接胃ろうにつなぎ，利用者の様子を見ながら定められた時間で圧を加えながら注入する	クレンメで滴下の速度を調整する
	3. 注入後	1）栄養物の逆流を防ぐため，注入後30分から1時間程度ベッドは30～40度ギャッジアップしたままとする 2）チューブ類を外す 3）注入後の気分不快，嘔気や嘔吐，下痢などを観察する 4）経管栄養チューブ内を注射器で水を通すなど，注入用ボトルの汚れを取り除き，湯でよくすすぎ，干す	半固形の栄養物の注入は，胃の機能を温存させる効果がある

1. 後片づけを行う
2. 手洗いをする
3. 報告・記録をする

4 経管栄養のチェックリスト（知識・技術）

表 2-20 経管栄養の実際の手順

1 あなたの「**経管栄養**」の知識について，あてはまる箇所に1つだけ○をつけて下さい．	知識が全くない	知識があまりない	知識がある	知識が充分ある
1） 栄養物注入時の適切な体位が分かる	1	2	3	4
2） 胃瘻のカテーテルが抜去されると挿入部の閉鎖が生じることが分かる	1	2	3	4
3） 栄養物は適温（体温程度）にすることが分かる	1	2	3	4
4） 栄養物の注入速度が分かる	1	2	3	4
5） 胃瘻のルートトラブルが分かる	1	2	3	4
6） 注入後逆流性の誤嚥を防ぐための体位が分かる	1	2	3	4

2 あなたの「**経管栄養**」の技術について，あてはまる箇所に1つだけ○をつけて下さい．	実践が全くできない	実践があまりできない	実践できる	実践で充分きる
1） 栄養物注入時の体位は座位か半座位にできる	1	2	3	4
2） 胃瘻のカテーテルが適切に挿入されているかどうか確認できる	1	2	3	4
3） 栄養物を適温（体温程度）に温めることができる	1	2	3	4
4） 栄養物を指示された注入速度で注入できる	1	2	3	4
5） 胃瘻のルートに屈曲や破損がないかどうか確認できる	1	2	3	4
6） 注入後逆流性の誤嚥を防ぐため，30-60分ほど上半身を拳上した体位にできる	1	2	3	4

第4節　医薬品を用いたケア

1　高齢者の主な疾患と必要な薬

　高齢者が罹患しやすい疾患は数多くあるが，疾患のあらわれ方や，治療の効果が若年者とは異なる．複数の疾患を合わせもつケースが多いこと，それに伴い使用薬剤が複数あり，相互作用や有害事象が起こり得ること等を理解しておく必要がある．また，必ずしも完治する疾患ばかりではない．可能な限り，高齢者が生活の質（QOL：Quality Of Life）を維持し，自立した生

活を営めるよう，医療，看護，介護，福祉をあわせた地域包括ケアシステムによるケアの推進が求められている．

１　認知症

　認知症には，日にちや場所がわからない記憶・見当識障害や段取りがわからない実行機能障害などの認知機能障害と，幻覚，妄想，暴言，徘徊，焦燥などの行動・心理症状（BPSD：Behavioral and Psychological Symptoms of Dementia）がある．

　認知症の大声や徘徊などの行動は，本人にとっては意味や理由がある．幻視やものを盗られた被害妄想は，本人にとっては事実である．説得や薬剤で抑えようとせず，それを受けとめ，そこに隠れている不安や自分の役割がないという思いを考慮して日課や役割を作ることが解決につながることもある．BPSD は，環境や心理状態などの影響を強く受けるため，薬物治療よりも適切なケアや環境調整などが大切である．

表 2 - 21　認知症を起こす主な疾患

アルツハイマー病	・もの忘れや，日時や場所がわからないなどの症状が徐々に進行する ・脳にアミロイド β たんぱく質とタウたんぱく質が蓄積することが原因とされる ・認知症の原因疾患の半分以上を占める ・脳のアセチルコリンを増加させる薬剤を使用する
レビー小体型認知症	・幻覚や妄想が強い ・パーキンソン病のように四肢や頸部が固くなり運動障害を起こしたり，自律神経障害を起こしたりする ・α－シヌクレインというたんぱく質が異常になり蓄積したレビー小体が，脳幹にできるとパーキンソン病に，大脳にできるとレビー小体型認知症になる ・脳のアセチルコリンを増加させる薬剤を使用するとともに，運動障害にはパーキンソン病と同じ治療を行う
脳血管性認知症	・脳血管障害が原因で認知症を引き起こす ・軽いアルツハイマー病に脳血管障害が合併して認知症が強く出ることもある
前頭側頭葉変性症	・自発性や関心の低下，言語障害，行動の変化などが目立つ ・脳の萎縮は前頭葉と側頭葉に強い ・認知症全体の数％だが，初老期発症の認知症の中では10％以上を占める
神経原線維変化型老年認知症	・もの忘れが症状の中心で，非常にゆっくり進行することが多い ・脳にタウたんぱく質（神経原線維変化）だけが蓄積する ・認知症全体の数％だが，90歳以上で発病する認知症の中では20％を占める
嗜銀顆粒性認知症	・タウたんぱく質の異常蓄積の一種である嗜銀顆粒だけができ認知症を引き起こす
その他	・進行性核上性麻痺，皮質基底核変性症，クロイツフェルト・ヤコブ病などさまざまな病気により認知症が起こる

　認知症では，認知機能の低下により服薬アドヒアランスが不良となるため，複数の錠剤やカプセルを 1 回分ごとにセットする一包化などの工夫や，介護者による服薬管理が必須となる．

　アルツハイマー病の第一選択薬は，コリンエステラーゼ阻害薬である．そのうち，リバスチグミンは貼付剤であり，服薬状況が目で見て確認できるため，介護者の服薬管理や服薬介助の

負担軽減が期待される．レビー小体型認知症では，運動障害がある場合にはパーキンソン病と同じ治療を行う．脳血管性認知症では，高血圧の治療を行うほか，抗血栓薬が使用される．

BPSDの治療は，まずストレスの誘因除去を優先するが，明らかでない場合はチアプリド（グラマリール®）などを使用する．また最近では，漢方薬である抑肝散のBPSDに対する有効性が報告され注目を集めている．

表2-22　アルツハイマー病の主な薬剤

分　類	薬　剤	作　用	副作用
コリンエステラーゼ阻害薬	・ドネペジル（アリセプト®） ・ガランタミン（レミニール®）	軽度～中等度のアルツハイマー型認知症における認知症症状の進行抑制	食欲不振，嘔吐，下痢など
	・リバスチグミン（イクセロン®）24時間毎に背部，上腕部，胸部のいずれかに1枚貼付する		イクセロン®は適用部位紅斑，適用部位掻痒感など
NMDA受容体拮抗薬	・メマンチン（メマリー®）	中等度～高度のアルツハイマー型認知症における認知症症状の進行抑制	めまい，便秘など

2 高齢者うつ病

高齢者うつ病の症状は，興味の喪失，食欲の低下，疲れやすい，睡眠障害などがあげられ，喪失体験（退職，健康の喪失，子どもの独立，配偶者の離別など）により発症することが多い．

選択的セロトニン再取り込み阻害薬（SSRI）やセロトニン・ノルアドレナリン再取り込み阻害薬（SNRI）やノルアドレナリン作動性・特異的セロトニン作動性抗うつ剤（NaSSA）による治療が基本となる．

表2-23　高齢者うつ病の主な薬剤

分　類	薬　剤	作　用	副作用
SSRI	・パロキセチン（パキシル®） ・セルトラリン（ジェイゾロフト®） ・フルボキサミン（ルボックス®） ・エスシタロプラム（レクサプロ®）	選択的にセロトニンに作用強迫や過食にも効果あり	悪心，傾眠，痙攣，セロトニン症候群（不安,焦燥,興奮,頻脈）など 急な中止で不安,焦燥,興奮,頭痛,悪心など
SNRI	・ミルナシプラン（トレドミン®） ・デュロキセチン（サインバルタ®）	セロトニンとノルアドレナリンに作用意欲向上にも効果あり	悪心，傾眠，痙攣，セロトニン症候群（不安,焦燥,興奮,頻脈）など
NaSSA	・ミルタザピン（リフレックス®，レメロン®）	脳内のセロトニン量を増やし，抑うつ気分や不安を緩和	眠気，体重増加など
三環系抗うつ薬	・アモキサピン（アモキサン®） ・クロミプラミン（アナフラニール®） ・ノルトリプチリン（ノリトレン®）	うつに対する効果は強いが，副作用も強い	抗コリン症状（便秘，口渇，排尿困難など）など

3　骨粗鬆症

　骨粗鬆症は，骨密度の低下と骨質の劣化により骨強度が低下する疾患であり，骨折の危険因子である．特に大腿骨近位部骨折は生活機能を低下させるだけでなく，死亡率を上昇させる．骨粗鬆症の治療の目的は骨折の予防である．

　ビスホスホネート製剤（BP）や選択的エストロゲン受容体作動薬（SERM）による治療が基本となる．BP は，起床後に水で服用し，30分は横にならず水以外の飲食を避けるなど注意が必要な薬剤であり，日に 1 回のタイプと，週に 1 回のタイプがある．また，カルシウム（Ca）製剤やビタミン D 剤を使用することもある．なお，薬物治療だけでは充分とはいえず，栄養や運動などによる骨強度を上昇させる生活改善が望ましい．

表 2 - 24　骨粗鬆症の主な薬剤

分　類	薬　剤	作　用	副作用
SSRI	・アレンドロン酸（フォサマック®，ボナロン®） ・リセドロン酸（アクトネル®，ベネット®） ・ミノドロン酸（ボノテオ®）	骨吸収抑制，骨量減少を抑え骨密度上昇	低 Ca 血症（筋肉の脱力感，しびれなど），胸やけ，胸骨下痛など
SERM	・ラロキシフェン（エビスタ®）	間接的に骨吸収抑制	浮腫，ほてり，呼吸困難など
ビタミン D 製剤	・アルファカルシドール（アルファロール®）	腸管 Ca 吸収促進，骨石灰化促進	高 Ca 血症（食欲不振，多飲多尿など）など

4　高血圧症

　高血圧症，糖尿病，脂質異常症は動脈硬化性疾患のリスクとなる．合併症を考慮しながら薬剤が選択される．

　カルシウム（Ca）拮抗薬，アンギオテンシン変換酵素（ACE）阻害薬もしくはアンギオテンシン II 受容体拮抗薬（ARB），利尿薬のいずれか単剤で治療し，効果が不充分な場合には，ACE 阻害薬もしくは ARB と Ca 拮抗薬，ACE 阻害薬もしくは ARB と少量の利尿薬を併用する．最近では，服薬コンプライアンス向上のため，2 つの薬剤を併せて 1 剤とした合剤が次々に発売されている．過度の降圧や食後血圧の低下は転倒のリスクになり得るため注意する．

表 2 - 25　高血圧症の主な薬剤

分　類	薬　剤	作　用	副作用
Ca 拮抗薬	・ニフェジピン（アダラート®） ・アムロジピン（ノルバスク®，アムロジン®）	血管拡張により血圧降下	顔面潮紅，頭痛，動悸，めまいなど
ACE 阻害薬	・エナラプリル（レニベース®） ・イミダプリル（タナトリル®）	臓器保護作用あり	空咳など
ARB	・オルメサルタン（オルメテック®） ・ロサルタン（ニューロタン®） ・テルミサルタン（ミカルディス®）	臓器保護作用あり	立ちくらみ，低血圧，ふらつきなど

利尿薬	・フロセミド（ラシックス®） ・スピロノラクトン（アルダクトン A®）	水やナトリウムの排泄促進	脱水，めまい，立ちくらみなど
ARB ＋利尿薬	・ロサルタン・ヒドロクロロチアジド（プレミネント®） ・テルミサルタン・ヒドロクロロチアジド（ミコンビ®） ・バルサルタン・ヒドロクロロチアジド（コディオ®）	（合剤）	過度な血圧低下のおそれあり
ARB ＋ Ca 拮抗薬	・オルメサルタン・アゼルニジピン（レザルタス®） ・テルミサルタン・アムロジピン（ミカムロ®）	（合剤）	過度な血圧低下のおそれあり

5 糖尿病

高血圧症，糖尿病，脂質異常症は動脈硬化性疾患のリスクとなる．また，糖尿病特有の三大合併症（網膜症，腎症，神経障害）の発症を防ぐために，血糖，血圧，血清脂質を適正にコントロールすることが重要である．なお，糖尿病では，糖尿病でない場合に比べ，認知症の発症率が高い．認知症かつ糖尿病の場合は，服薬管理が困難になり血糖悪化を起こしやすいため，介護者による支援が求められる．

薬物治療は，食事療法・運動療法に加えて行われる．経口糖尿病治療薬のうち，食後の血糖を改善する α グルコシダーゼ阻害薬（α GI）は食直前に服用する必要があり，服用を忘れた場合は食事開始15分後くらいであれば効果が期待できる．DPP － 4 阻害薬のインスリン分泌促進作用は血糖依存性であるため，低血糖を引き起こすことはないが，スルホニルウレア（SU）薬と併用する場合には低血糖に注意する．

インスリン治療は，Ⅰ型糖尿病の生命に関わる絶対的適応と，Ⅱ型糖尿病であっても血糖コントロールが不充分な場合などの相対的適応がある．皮下組織が硬くなり吸収異常をきたすため，毎日同じ場所に注射しないよう注意する．

なお，食事がとれない場合，α GI は服用しない等どのように対応するか（シックデイルール）を予め医師に確認しておき，病態によってはその都度医療職に相談する．

表 2 － 26　糖尿病の主な薬剤

	分　類	薬　剤	作　用	副作用
経口薬	SU 薬	・グリベンクラミド（ダオニール®） ・グリメピリド（アマリール®）	インスリン分泌促進	低血糖など
	グリニド系	・ミチグリニド（グルファスト®） ・ナテグリニド（スターシス®）	速やかにインスリン分泌促進	低血糖など
	ビグアナイド薬	・メトホルミン（メトグルコ®）	インスリン抵抗性を改善	乳酸アシドーシス，下痢など
	チアゾリジン薬	・ピオグリタゾン（アクトス®）	インスリン抵抗性を改善	浮腫，心不全など
	α GI	・ボグリボース（ベイスン®） ・アカルボース（グルコバイ®） ・ミグリトール（セイブル®）	食後高血糖を改善	腸閉塞など
	DPP － 4 阻害薬	・シタグリプチン（ジャヌビア®） ・ビルダグリプチン（エクア®）	血糖依存的にインスリン分泌を促進	SU 薬併用時低血糖など

	分　類	薬　剤	注射のタイミング	副作用
インスリン製剤	超速効型	・インスリンアスパルト（ノボラピッド®） ・インスリンリスプロ（ヒューマログ®）	食直前	低血糖，多汗，振戦など
	速効型	・生合成ヒト中性インスリン（イノレットR®）	食前30分	
	混合型	・インスリンリスプロ混合製剤（ヒューマログミックス®）	食直前 or 食前30分	
	中間型	・中間型インスリンリスプロ（ヒューマログN®）	朝食前30分	
	持続型	・インスリングラルギン（ランタス®）	就寝前 or 朝食前	

6 脂質異常症

　高血圧症，糖尿病，脂質異常症は動脈硬化性疾患のリスクとなる．脂質異常症の治療は，LDL - C や中性脂肪（TG）を下げ，HDL - C を上げることにより動脈硬化を予防することであり，食事療法・運動療法を中心に行うが，一般的に高齢者は食事量が少ないため，過度のカロリー制限は避け，魚や大豆や食物繊維を多くとるようにする．

　LDL - C が高い場合は，HMG - CoA 還元酵素阻害薬（スタチン系）が第一選択薬となる．単剤で効果が不充分な場合は，スタチン系とコレステロール吸収阻害薬を併用する．TG が高い場合は，フィブラート系を使用するが，腎機能が低下している場合は横紋筋融解症を起こしやすいため注意する．

表 2 - 27　脂質異常症の主な薬剤

分　類	薬　剤	作　用	副作用
スタチン系	・プラバスタチン（メバロチン®） ・シンバスタチン（リポバス®） ・フルバスタチン（ローコール®） ・アトルバスタチン（リピトール®） ・ピタバスタチン（リバロ®） ・ロスバスタチン（クレストール®）	C 合成を阻害し，C 低下	横紋筋融解症（脱力，筋肉痛，倦怠感など）など
小腸コレステロールトランスポーター阻害薬	・エゼチミブ（ゼチーア®）	小腸 C 吸収を選択的阻害	便秘，下痢など
フィブラート系	・ベザフィブラート（ベザリップ®，ベザトール SR®） ・フェノフィブラート（リピディル®）	TG 合成抑制，HDL - C 上昇	腹痛，下痢，横紋筋融解症（脱力，筋肉痛，倦怠感など）など

7 排尿障害

　高齢者は，さまざまな病態が関与して，頻尿，尿失禁などの畜尿障害や，排尿困難などの尿排出障害，または両者が混在した状態があらわれる．60歳以上の男性の20% 以上は，前立腺肥大症のために排尿困難や夜間頻尿などの症状を自覚する．立位で腹圧時に起こる腹圧性尿失禁は，女性に多く，成人女性の20〜50% である．

薬物治療は，畜尿障害か尿排出障害かにより使用する薬剤が異なる．畜尿障害には，主に抗コリン薬を使用するが，尿閉や閉塞隅角緑内障の場合には使用できない．

表2-28　排尿障害の主な薬剤

	分類	薬剤	作用	副作用
畜尿障害	抗コリン薬	・ソリフェナシン（ベシケア®） ・イミダフェナシン（ステーブラ®） ・プロピベリン（バップフォー®）	排尿筋収縮を抑制し，頻尿，尿失禁などを改善	抗コリン症状（便秘，口渇，排尿困難など）など
	β遮断薬	・クレンブテロール（スピロペント®）	腹圧性尿失禁を改善	動悸，頻脈など
尿排出障害	α₁遮断薬	・タムスロシン（ハルナール®） ・ナフトピジル（フリバス®） ・シロドシン（ユリーフ®）	前立腺肥大症を伴う排尿障害を改善	めまい，起立性低血圧など
	抗男性ホルモン薬	・デュタステリド（アボルブ®）	前立腺肥大症を改善	勃起不全など

8 排便障害

高齢者における排便障害は，便秘，下痢，腹痛をともなう下痢や便秘などの便通異常が慢性的に繰り返される過敏性腸症候群（IBS：Irritable Bowel Syndrome）があり，加齢に伴う食事量の低下や腹筋力・蠕動運動の低下などが要因である．このうち高齢者の便秘の有症率は約30％である．基礎疾患や薬剤による便通異常は除外し，規則正しい生活，食物繊維の多い食事，適度な運動などの生活改善を行うよう指導し，改善がみられなければ薬物治療を行う．

便秘に使用する薬剤は，腹痛や下痢を生じる可能性があるため，少量から開始し，症状に応じ量を調整する．大腸刺激性下剤は，耐性により効果が弱まり薬剤に頼りがちになるため長期連用を避ける．直腸刺激性下剤は，生理的排便に近く，病床者や小児や妊婦にも使用可能である．浣腸薬は，粘膜を傷つけないよう慎重に挿入し，耐性により効果が弱まり薬剤に頼りがちになるため長期連用を避ける．

下痢には，整腸剤や止瀉薬を使用するが，ロペラミドは下痢が治まり次第中止する．

IBS治療薬のポリカルボフィルカルシウムは，錠剤が大きいため喉につかえないよう多めの水で服用する，同薬剤の散剤への変更については医療職に相談する．

表2-29　排便障害の主な薬剤

	分類	薬剤	作用	副作用
便秘	機械的下剤	・酸化マグネシウム（酸化マグネシウム®，マグラックス®）	腸管内の水分吸収を妨げ，便を軟化	下痢など 長期大量服用で高マグネシウム血症（口渇，傾眠，不整脈，呼吸抑制など）
		・カルメロース（バルコーゼ®）	腸管内水分を吸収して膨張し，腸管を物理的に刺激	悪心，嘔吐，腹部膨満など

便秘	刺激性下剤	・ピコスルファート（ラキソベロン®） ・センノシド（プルゼニド®）	大腸を刺激し排便促進	腹痛，悪心，嘔吐，下痢など
		・センナ（アローゼン®）		
		・炭酸水素ナトリウム・無水リン酸二水素ナトリウム配合剤（新レシカルボン®）	直腸を刺激し排便促進	刺激感，腹痛，下痢など
	浣腸薬	・グリセリン（グリセリン浣腸®）	局所粘膜を刺激し排便促進	腹痛，腹部膨満感など
下痢	整腸剤	・ラクトミン（ビオフェルミン®） ・酪酸菌（ミヤBM®）	腸内菌叢異常による症状を改善	特になし
	止瀉薬	・ロペラミド（ロペミン®） ・タンニン酸アルブミン（タンナルビン®） ・ベルベリン（フェロベリン®）	腸蠕動抑制などにより止瀉作用	便秘など
IBS	抗コリン薬	・メペンゾラート（トランコロン®）	大腸の痙攣抑制	抗コリン症状（便秘，口渇，排尿困難など）など
	吸着薬	・ポリカルボフィルカルシウム（コロネル®，ポリフル®）	腸管内水分を吸収し便の水分バランスを調整	発疹，嘔吐，口渇など

⑨ 緑内障

　緑内障は，年齢とともに増加することが知られている．眼圧が上がることで視神経が障害され，視野が狭くなる疾患として理解されてきたが，日本人には正常眼圧緑内障が多く，必ずしも眼圧上昇だけが原因ではない．しかし，眼圧を下げることが，緑内障になるリスクや緑内障が進行する可能性を低減することにつながる．

　緑内障の自覚症状は，見えない場所が出現する，もしくは見える範囲が狭くなる症状が一般的であるが，進行が穏やかなため，初期には自覚できず，かなり進行してから気付くことが多い．一度障害されてしまった視神経は回復することがないため，早い段階で発見することが大切である．治療の目的は，緑内障の進行を遅らせることであり，回復するものではない．緑内障のタイプなどにより，薬物治療，レーザー治療，手術が選択される．

　緑内障の多くは，点眼薬による薬物治療が基本となる．プロスタグランジン（PG）FP受容体アゴニストは，全身副作用がほとんどなく，眼圧下降作用が強いため，第一選択薬として用いられることが多い．1種類で効果が少ない場合は複数組み合わせて処方されるが，その場合は，間隔を5分以上あけてさす必要がある．

　なお，緑内障の一部のタイプでは，眼圧を上げる可能性がある内服薬を服用してはいけない場合がある．点眼薬は内服薬との飲みあわせに影響ないと考えている人は多いが，疾患自体に影響する可能性があるのである．緑内障と診断された場合には，予め服用してはいけない薬がないか医師に確認しておく必要がある．

表2-30　緑内障の主な薬剤

分　類	薬　剤	作　用	副作用
PGFP 受容体アゴニスト	・ラタノプロスト（キサラタン®） ・トラボプロスト（トラバタンズ®）	ぶどう強膜流出路の増加により眼圧下降	虹彩色素沈着など
β遮断薬	・チモロール（チモプトール®） ・カルテオロール（ミケラン®，ミケランLA®）	房水産生を抑制し眼圧下降	気管支痙攣など 喘息や不整脈患者には禁忌
炭酸脱水酵素阻害薬	・ブリンゾラミド（エイゾプト®） ・ドルゾラミド（トルソプト®）	房水産生を抑制し眼圧下降	一過性の眼刺激や霧視など
PGFP 受容体アゴニスト＋β遮断薬	・ラタノプロスト・チモロール（ザラカム®） ・トラボプロスト・チモロール（デュオトラバ®）	（合剤）	気管支痙攣，虹彩色素沈着など 喘息や不整脈患者には禁忌
ARB＋β遮断薬	・ドルゾラミド・チモロール（コソプト®）	（合剤）	気管支痙攣，一過性の眼刺激や霧視など 喘息や不整脈患者には禁忌

10 肺　　炎

　肺炎は，高齢者の死因としてあげられ，がん，心疾患に次いで多い．低栄養の改善，口腔ケア，誤嚥防止が肺炎の予防となる．

　慢性肺疾患がない高齢者の急性肺炎は，インフルエンザなどのウイルス感染に続発して細菌感染を起こしている例が多い．起炎菌は，肺炎球菌，黄色ブドウ球菌が多い．慢性肺疾患があ

表2-31　肺炎の主な薬剤

分　類	薬　剤	有効な主な菌	副作用
ペニシリン系	・アモキシシリン（パセトシン®，サワシリン®）	黄色ブドウ球菌 肺炎球菌 レンサ球菌 インフルエンザ桿菌	悪心，嘔吐，食欲不振，下痢など
セフェム系	・セフジニル（セフゾン®） ・セフカペンピボキシル（フロモックス®） ・セフジトレンピボキシル（メイアクト MS®）	黄色ブドウ球菌 肺炎球菌 レンサ球菌 インフルエンザ桿菌	悪心，嘔吐，食欲不振，下痢など
マクロライド系	・クラリスロマイシン（クラリシッド®，クラリス®） ・アジスロマイシン（ジスロマック®） ・ロキシスロマイシン（ルリッド®）	黄色ブドウ球菌 肺炎球菌 レンサ球菌 インフルエンザ桿菌 マイコプラズマ	悪心，嘔吐，下痢，発疹など
ニューキノロン系	・モキシフロキサシン（アベロックス®） ・トスフロキサシン（オゼックス®） ・ガレノキサシン（ジェニナック®） ・シタフロキサシン（グレースビット®）	黄色ブドウ球菌 肺炎球菌 レンサ球菌 インフルエンザ桿菌	悪心，嘔吐，食欲不振，下痢など
	・レボフロキサシン（クラビット®）	緑膿菌	
グリコペプチド系	・バンコマイシン（塩酸バンコマイシン®）	MRSA	悪心，嘔吐，下痢など

り抗菌剤の使用頻度が高い高齢者では，肺炎の起炎菌は，MRSA（メチシリン耐性黄色ブドウ球菌 Methicillin‐resistant Staphylococcus aureus）や緑膿菌が多い．推定される起炎菌により抗生物質が選択される．

2　介護職が扱う医薬品

① 薬の種類

　薬は投与経路により，内服薬，外用薬，注射薬に分けられる．

　内服薬は，口からのむ薬であり，散剤，錠剤，カプセル剤，液剤などがある．

　外用薬は，皮膚などから吸収する薬であり，軟膏・クリーム・ローションなどの塗り薬，点眼薬，点鼻薬，点耳薬，吸入薬，うがい薬，トローチ剤，坐薬などがある．

　注射剤は，皮下や静脈などに注入する薬である．

② 薬の保管

　薬は直射日光や多湿を避けて保管する．冷所で保管しなければならない薬は，必ず冷蔵庫で保管する．なお，冷蔵庫で保存してはいけない薬もあるため，指示がない場合には常温で保管する．

③ 薬の使用方法

　個々の薬により使用方法は異なり，また患部の重症度や部位により実際の使用方法は異なるため，医師や薬剤師に確認する．

　① 塗り薬

　軟膏，クリーム，ゲル，ローションなどの剤形があり，患部や症状により選択する．

　痒みや炎症には，非ステロイド抗炎症薬もしくはステロイド外用剤が使用される．ステロイド外用剤は，薬効の強さによりランクが分かれており，皮膚が薄い顔面や陰部などは弱いものを使用する．塗る量は部位や症状により異なるため，医師に確認する必要がある．一般的には厚く塗ることや強くすりこむことは避ける．また，乾燥を防ぐために使用する保湿剤は，入浴後は早めに塗る．

　抗生物質や抗真菌剤は，患部より少し広めに塗り，症状が落ち着いた後も医師から中止の指示があるまで使用する．

　② 貼付薬

　腰痛などで使用する消炎鎮痛剤は，関節・筋肉・皮下組織などの限局的な症状に有用である汗などを拭きとってから患部に貼る．かぶれに注意して使用する．

　なお，喘息などで使用する気管支を広げるテープ（ホクナリンテープ®）は胸部・背部・上腕

部のいずれかに貼るなど，貼付部位が限定されている薬剤もある．

③ 点眼剤

ドライアイ，アレルギー，緑内障，白内障，結膜炎等に使用される．

顔を上に向け，下まぶたを引き，菌の混入を防ぐため点眼容器の先端が目に触れないように１滴さす．目のまわりの色素沈着等を防ぐため，あふれた薬はしっかり拭きとる．また，目に溜めておける量は限られているため，複数の点眼剤を同時間帯にさす場合には，必ず５分以上あけてから次の薬をさす．

冷蔵庫で保管しなければいけない薬と，冷蔵庫で保管してはいけない薬がある．また，防腐剤の入っていないユニットドーズ（UD）製剤は１回使い切りであり，残薬がある場合でも捨てる．

④ 一包化された内服薬の服用

服用の時間帯ごとに一包化された薬は，服用前に氏名・日付・時間帯などを確認する．

服用のタイミングは，のみ忘れを防ぐためや介護者の利便性を図るために調整される場合もあるが，決まったタイミングで服用しなければならない薬があることを理解しておく必要がある．食前に服用しなければ充分に効果が出ない薬，食直前に服用しなければ低血糖等の副作用が起きる薬，食後に服用しなければ副作用が起こりやすくなる薬などがある．安全かつ充分に薬の効果を発現させるため，服用のタイミングを重視する．

⑤ 坐　薬

横向きに寝た状態で，薬の尖った方から肛門に挿入する．薬が出てこないよう入りきるまでしっかり挿入する．すぐにそのまま出てきてしまった場合には，再度挿入する．

⑥ 点鼻薬

患部へ直接治療が行える．予め鼻をかみ，点鼻薬を噴霧する．鼻粘膜は吸収がよいため，必ず指示された回数を守って使用する．

表２-32　錠剤の主な種類

種　類	特　徴	注意点
裸錠	特に加工していない錠剤	湿気に弱い薬もある
糖衣錠	苦み等を抑えるため糖で包んだ錠剤	糖がとれると苦みが出る薬もある
フィルムコーティング錠	フィルムでコーティングした錠剤	割ったり砕いたりすると苦みが出る薬もある
腸溶錠	胃で溶けず腸で溶ける錠剤	腸で溶けるように割らずに服用する
徐放性製剤	効果が持続する錠剤	長時間持続するように割らずに服用する
チュアブル錠	水なしで服用できる錠剤	かみ砕いても服用できる
口腔内崩壊錠（OD錠）	唾液で溶ける，水なしで服用できる錠剤	湿気に弱い薬もある
舌下錠	舌下の粘膜から吸収される錠剤	のみこまず舌下に薬を置き溶かす

3　医薬品を用いたケアの実際

表 2 - 33　≪与薬≫

	主な行動	具体的行動	備　考
準備	1. 説明など	1) 目的や方法を説明し，同意と協力を得る 2) 指示内容（与薬時刻など）の確認 3) 服薬アドヒアランス（利用者が薬の必要性を理解し，主体的に服薬管理をする）の状況確認	<薬を使用する時間> 食前：食事の30〜60分前 食直前：食事の直前 食後：食後30分以内 食間：食後約2時間
	2. 必要物品を準備	1) 液体石鹸で手を洗いペーパータオルで丁寧に水分をふき取る（速乾性擦式手指消毒剤の使用も可） 2) 指示された薬剤，コップ1杯ほどの水または白湯，必要に応じてオブラート，服薬ゼリー	起床時：朝，起きてすぐの時間 就寝前：夜，寝る30分くらい前 時間指定：決められた時間 頓服薬：必要なとき
実施	1. 一包化された内服薬	1) 上体を起こして座位をとる．座位ができない場合は頭部を持ち上げて，顔を横に向ける 2) 口の中の乾燥がある場合は，口を少し湿らす 3) 薬剤は舌の中央からやや奥へ入れてもらう．薬剤数が多い場合は，数回に分ける（上肢の機能に合わせて介助） 　必要に応じてオブラートや内服ゼリーを用いる 4) 十分な量の水あるいは白湯で薬剤を飲み込む 5) 内服できたかどうか確認する	粉薬はオブラートや服薬ゼリーを用いると飲みやすい
	2. 舌下錠	1) 舌の下面におき，薬が溶けるまで保持し，飲み込まない 2) 狭心症治療薬のニトログリセリンでは胸痛の状況を観察し，医療職との連携を図る	＊舌下錠は数分で効果を得たい薬剤である．服薬すると作用発現時間が著しく遅くなるため，すぐに医療職へ連絡する必要がある
	3. 貼付薬	1) 体毛が少ない部位を選ぶ（胸部，上腕部，腹部，背部） 2) 古い貼付薬は，皮膚を引っ張らないように，角からゆっくりはがし，貼付部位の皮膚の発赤や発疹かゆみなどの観察をする（はがした貼付薬は内側に貼り合わせて捨てる） 3) 貼付部位の皮膚の汚れなどをタオルなどを使って取り除く（同じ部位には貼らない） 4) 貼付薬を袋から取り出す（はさみは使わない．誤って貼付薬を切ってしまう恐れがある） 5) 油性マジックで日付を記入する（与薬の間違いを防ぐため） 6) 粘着部に触れないように貼り，その上を手で押さえ，しっかりと密着させる．	＊ニトログリセリンの成分が含まれる貼付薬は，MRI検査では熱が集まり，火傷になってしまうことがあるので，かかりつけ以外の医療機関にかかるときには注意が必要.
	4. 点眼	1) 座位あるいは仰臥位で顔は上向きにする 2) 眼脂があるときは，手袋をつけて，拭き綿などで拭きとる 3) 目を開けてもらい，拭き綿を目の下に当てながら下眼瞼を下の方へ引く	

実施	4）上の方を向いてもらうようにして指示量（1滴が多い）を下眼瞼の結膜嚢へ滴下する 5）目からあふれた点眼液はふき取る 6）約1分間目を閉じていてもらう	＊2種類以上の点眼薬がある場合は，吸収される量に限度があるため，5分以上間隔をあける ＊点眼薬の性質が違う場合は，あらかじめ，指示を得ておくが， 水溶性点眼薬→懸濁（けんだく）性点眼薬→非水溶性点眼薬の順番とする

1. 後片づけを行う
2. 手洗いをする
3. 報告・記録をする

4　医薬品を用いたケアのチェックリスト（知識・技術）

1　あなたの「**医薬品を用いたケア**」の知識について，あてはまる箇所に1つだけ○をつけて下さい．

	知識が全くない	知識があまりない	知識がある	知識が充分ある
1）坐薬の与薬方法が分かる	1	2	3	4
2）インスリンの作用と副作用が分かる	1	2	3	4
3）感染症（インフルエンザ・ノロウイルス・疥癬）の特徴が分かる	1	2	3	4
4）継続的な内服の必要性が分かる	1	2	3	4
5）糖尿病ではカロリー制限が必要であることが分かる	1	2	3	4
6）嚥下機能に応じ食事形態を工夫することが分かる	1	2	3	4

2　あなたの「**医薬品を用いたケア**」の技術について，あてはまる箇所に1つだけ○をつけて下さい．

	実践できない全く	実践があまりできない	実践できる	実践できる充分
1）坐薬を挿入できる	1	2	3	4
2）インスリンを使用している場合は食事摂取量に変化がないかどうか観察できる	1	2	3	4
3）手洗い（・うがい・マスク）を遵守し感染予防ができる	1	2	3	4
4）継続した治療に対する服薬援助ができる	1	2	3	4
5）カロリー制限が必要な場合に対応できる	1	2	3	4
6）嚥下機能に応じた食事形態を選択できる	1	2	3	4

第 5 節　排泄を促す

1　排泄の特徴と排泄障害

1　正常な排泄とはと排泄動作の課題

　排泄とは，身体の外へ老廃物を排出することであり，上皮細胞である皮膚から排出される汗などもその範疇であるが，ここでは「尿」と「便」に着目をすることとする．正常な排泄行為とは，尿や便が生成され，意図的な抑制のもと，適切な場所で排泄し，その後の後始末を行う一連の流れに支障がないことである．正常な排泄に必要な条件としては，① 尿や便をつくるメカニズムが正常であること，② 尿や便をしっかりと溜めて，しっかりと出すための臓器や脳の働きが正常であること，③ 連続した排泄動作を行うための運動機能が正常であることが必要である．③ に着目すると一連の流れを以下にまとめることができる．

表 2 - 34　排泄動作の一連の流れ

1	尿意や便意が分かり，準備が整うまで我慢できる
2	トイレ，尿器・便器の認識ができる
3	起居，移乗，移動ができる
4	すみやかに脱衣ができる
5	便器の準備ができる
6	気持ちよく排尿・排便できる
7	後始末ができる
8	着衣ができる
9	元の場所へ戻れる

表 2 - 35　介護が必要な場合の排泄動作の課題

認知機能	トイレの場所が分からない
移動動作	筋力低下や歩行の不安定さ
姿勢保持	前傾姿勢保持の困難さ・足がつかない
着脱動作	上下肢の機能低下
後始末	上肢の機能低下
手洗い	上肢の機能低下，手洗い方法が不明

2　他人の手を借りて排泄行為を行うこと

　生まれてしばらくは，排泄行為のすべては自分自身で行うことができないため，母親をはじめ人の手を借りて，排泄行為を行う．幼児期には排泄行動（一連の流れを参照）を習得し，尿意や便意を感じ，トイレへ行き排泄の後始末もできるようになる．一度排泄動作が自立すれば，医学的に必要な場合もあるが，多くの排泄物は，人目に曝されることなく，適切に処分される．

道端に人間の排泄物があったら，多くの人は不快に思うだろう．私たちは排泄物を人目に曝したくないし，その排泄物を排出する姿も秘密にしておきたいと思う．排泄介助を受ける側は「恥ずかしい」「情けない」「他人に迷惑をかけたくない」「失敗した姿をみせたくない」などさまざまな不安を抱えることになる．排泄ケアは，身体的側面や心理的側面ばかりでなく，その人の尊厳に関わる重要なケアであることを私たちは強く認識し，利用者に関わっていくべきである．

3 尿失禁

　正常な排泄動作が何らかの原因でどこかに課題があると，尿失禁が生じる．尿失禁はさまざまな種類があり，1回の尿失禁の場面で判断できる場合と，そうでない場合があるが，失禁の状態を見極め，適切なケアを行うことにより，劇的に改善することもある．

① 機能性尿失禁

　機能性尿失禁は，尿の生成には問題がなく，神経系，筋骨格系，精神系などの機能障害によって，排泄動作に課題が生じることによって生じる尿失禁である．機能性尿失禁は，身体動作が緩慢によって生じる場合と認知機能の低下によりトイレがわからなくなるなどによって起きる場合の 2 つに大別でき，またそれぞれによってケアも異なる．認知症による機能性尿失禁の場合は，尿意のサインを見極めることが重要となる．以下，表に示す．

表 2 - 36　機能性尿失禁

	身体動作などによる場合	認知機能の低下などによる場合
原因	脳血管障害，パーキンソン病，生活不活発病など	認知症（アルツハイマー型など）知的障害など
症状	身体機能の低下により，トイレへ行くまでに時間がかかり失禁する．ズボンや下着を下げる動作に時間がかかり失禁するなど	トイレの場所が分からず失禁となる．ズボンや下着を脱がず，そのまましゃがみこんで排尿してしまうなど
援助	トイレに近い居室にする．着脱しやすい服装にする	尿意のサインから，排尿パターンを把握する．トイレの場所を，絵を使うなどし分かり易くする．タイミングをみながらトイレ誘導を行う

表 2 - 37　尿意のアセスメント

1．自分からトイレに行こうとしたり，排尿動作をとっていないか ① トイレやトイレに行く途中で漏らす ② トイレを探している様子でウロウロしている ③ ゴミ箱や廊下の隅，ベッドの脇で放尿する　（トイレでしているような表情，仕方なくトイレ以外でしている様子など）
2．本人が訴えることはないか（ナースコールがある．ナースに声かけをするなどのはっきりした本人の訴え以外にも，以下のことに注意する） ① 「出ています」「替えてください」という表現も尿意があるとみなしていく ② 「出ます」と訴えたときに，すでに排尿していた場合でも尿意があるとみなしていく

３．排尿したいというサインがないか

コミュニケーション障害（知能低下，失語症など）を伴うケース，尿意を表現する手段（訴える，ナースコールを押す）に欠けるケース，入院当初など環境の変化があるケース，下記のケースなどは特に注意深く観察する．家族からの情報も有効である．

① オムツをはずす ② ズボンの前を押さえる ③ ウロウロする ④ 落ち着きがない ⑤ 暴れる
⑥ モゾモゾする ⑦ 腰や手を上げる ⑧ 急に起き上がる ⑨ 顔をしかめる ⑩ 我慢をしている表情
⑪ 手招きする ⑫ 奇声を発する ⑬ ナースコールを押す ⑭ 柵をはずす

＜サインのつかみ方＞

・尿意の訴えのできない状態にある人（認知症，失語症，コミュニケーション障害）には，尿意を感じているかもしれないという姿勢で観察する．
・濡れたオムツをはずしているような場合に，単に問題視するのではなく，不快があるからはずしているような見方をする．
・排尿前後の表情や行動から尿意のサインを察知する．
・漏らした後で「出るのがわかる」のか「出た後でわかる」のか，本人に問うてみる．
・「出た後でわかる」答えも尿意があるとみなす．
・１回量が100〜150ml以上であれば，本人の尿意の表出が見られなくとも尿意は残っているとみなす

出典）安藤邑恵ら編『ICF の視点に基づく高齢者ケアプロセス』学文社，2009，p.80 より一部改変

② 腹圧性尿失禁

　排尿筋の収縮や膀胱の膨張などはみられないが，咳やくしゃみなど腹圧が一過性にかかったときに生じる尿失禁である．以下，表に示す．

図２−６　骨盤低筋群訓練

表２−38　腹圧性尿失禁

原因	出産や肥満などにより，骨盤底筋群の弱化によって尿道括約筋がゆるむ．尿道括約筋の損傷，骨盤内の臓器の下垂などによって生じる
症状	尿意を感じていなかったのに，咳やくしゃみなど腹圧が一過性にかかったときに尿が漏れてしまい，失禁となる．通常は正常な排泄動作ができる 鑑別方法：ストレステスト（意図的に腹圧をかけさせる）
援助	骨盤底筋群訓練を持続して行うことで，筋群の強化を図る．男性は肛門を，女性は肛門と腟を締める（仰臥位の姿勢，椅子に座った姿勢，テーブルを用いて立位での姿勢，猫のポーズなど）．食生活を整え，運動など生活習慣の改善．便秘や肥満は骨盤底筋群に負担がかかり，筋群を緩ませてしまう！必要に応じてパットの着用

③ 溢流性尿失禁

　膀胱の膨張に伴って膀胱内圧が尿道内圧を超えたときに生じる尿失禁である．尿道が圧迫されることにより，尿の排泄困難が生じ，狭くなっている尿道からダラダラと尿が漏れだす尿失禁である．

表２−39　溢流性尿失禁

原因	前立腺肥大症（男性），神経因性膀胱，糖尿病性末梢障害，腰部脊椎管狭窄症など
症状	前立腺肥大症などで尿道が圧迫され，腎臓にある尿が排出できず，慢性的な尿閉に至り，残尿量が多くなることにより，少しずつ尿道の狭くなった部分をつたって尿が漏れ出る
援助	原因となるものを取り除く．たとえば前立腺肥大症の場合は，前立腺切除術などを行うことで軽快する．保存的療法としては，膀胱留置カテーテルや自己導尿（後述する）などがある．また，薬物療法を行うこともある

④ 切迫性尿失禁

尿意を感じたら，トイレまで我慢することができず，尿失禁を生じる．その反面，正常に排泄動作ができることもある．

表2-40　切迫性尿失禁

原因	脳血管疾患，膀胱や尿道の刺激性病変（炎症や結石）や，知覚神経路の障害など
症状	排尿の抑制が困難になり，膀胱の排尿筋の抑制収縮（過活動膀胱）が生じ，尿意を感じると我慢できず排尿に至る．知覚神経路の障害によっても膀胱が過敏となってしまい，尿意を強く感じることにより，抑制ができなくなる
援助	薬物療法によって過敏性を低減（抗コリン剤など），膀胱訓練（膀胱容量を増大させる訓練：尿意を感じても我慢する），骨盤底筋群の強化，生活指導，排泄場所の工夫（できるだけトイレの近く），オムツやパットの着用

⑤ 完全（真性）尿失禁

膀胱に尿が溜まらないまま，尿が生成され，ダラダラと絶えず尿が漏れる状態である．

表2-41　完全（真性）尿失禁

原因	外傷や悪性新生物などによる尿道・尿道括約筋・外尿道口などの損傷で尿失禁が生じる
症状	尿が生成されるが，尿道や付随するものに傷害があり，尿を膀胱に溜めて，一定以上の尿となったら尿意を感じ排泄をするということができず，尿が生成されれば，それがそのまま尿として排出されるため，常に尿失禁がある状態となる
援助	傷害されているところの改善がなければ，失禁も改善しない．そのため，常時オムツが必要になる

⑥ 反射性尿失禁

膀胱に尿が溜まると，尿意を感じていないにも関わらず排尿が生じ，尿失禁となる．

表2-42　反射性尿失禁

原因	脊髄損傷や神経疾患により，排尿反射が亢進することにより生じる
症状	尿がある一定量膀胱に溜まっても，尿意を感じることはなく，反射的に尿が漏れ出る
援助	脊髄損傷や神経疾患による排尿反射の亢進が低減できなければ，改善は難しい．常時オムツを着用したり，定期的に自己導尿を行う

4 排便障害

摂取した食物から栄養分を消化吸収し，不要になった残渣が便となり，朝の覚醒，運動，食事などが刺激となり排便に至るが，この便の排泄が快適にできなくなった状態を排便障害という．排便障害は以下のように3つに大別できる．また，介護が必要な場合は，腸管の蠕動運動が，臥床時間が長く活動量が少ないため低下する，腹部筋力が低下していたり，ベッド上の排便体位では十分な腹圧をかけることができないなどにより，排便障害が生じやすい．便意のチェックや便の性状を観察して，適切な援助を選択することが必要となる．

表 2 - 43　排便障害の種別

蓄便困難	下痢，便失禁
排泄困難	便秘
過敏性腸症候群	下痢と便秘を繰り返す（若年層にも多い）

表 2 - 44　便アセスメント表

項目	内　　容
疾患	□脳血管障害　□パーキンソン病　□認知症　□甲状腺機能低下症　□うつ病　□糖尿病　□大腸疾患　□消化管術後　□腸閉塞　その他
治療薬	□鎮痛薬　□鎮咳薬　□向精神病薬　□降圧剤　□パーキンソン病薬　□利尿薬　□抗ヒスタミン薬　その他（　　　　　　　　　　　　　　　　　　　　　）
排便回数	日に　　回
排便量	□付着程度　□母指頭大　□手挙大1個分　□手挙大2個分　□大量
性状	□水様便　□泥状便　□やや軟便　□軟便　□普通便　□やや硬い　□硬い　□兎便
色	□白　□茶色　□明るい黄色　□黒　□血液の混入　その他
腹部症状（自覚的）	□腹部の張りがある　□腹部の緊張感がある　□排便後もしぶる　□肛門部の不快感　その他（　　　　　　　　　　　　　　　　）
腹部の緊張（他覚的）	□柔らかい　□張っている　□便が触れる　その他（　　　　　　　　　　　　　　）
腸蠕動音	□弱い　□金属音　□音がしない　□ぐる音の聴取適度　□ぐる音の亢進

出典）安藤邑惠ら編『ICF の視点に基づく高齢者ケアプロセス』学文社，2009，p.79 から一部改変

タイプ 1		コロコロ便	木の実のようなコロコロしたかたいかたまりの便，ウサギの糞のような便	便秘傾向
タイプ 2		かたい便	短くかたまったかたい便	
タイプ 3		ややかたい便	水分が少なく表面にひび割れのある便	普通便
タイプ 4		普通便	表面がなめらかでやわらかい，あるいはヘビのようなとぐろを巻く便	
タイプ 5		やややわらかい便	水分が多く非常にやわらかい便，はっきりとした境界のあるやわらかい半固形の便	
タイプ 6		泥状便	形のない泥のような便，境界がほぐれてふわふわとやわらかい粥状の便	下痢傾向
タイプ 7		水様便	かたまりのない水のような便	

図 2 - 7 ブリストル便性状スケール

出典）北川公子ら編『老年看護』医学書院，2012，p.165 より作成

① 便　秘

　便秘は，排便の間隔や回数だけではなく，便の性状にも着目をして，アセスメントを行うことが必要である．たとえば，ブリストル便性状スケールのタイプ 1 の便が毎日あっても，便秘と判断できる．便秘のリスクが高まる状態としては，寝たきりやいちじるしく活動量が低下している場合や脳血管疾患などで中枢神経に病変がある場合などである．

<便秘の種類>

☆器質性便秘：何らかの通過障害によって便塊が腸に留まり，便秘となる．腸管の癒着などによって生じやすい．

☆機能性便秘：高齢者や介護が必要な方に多い．粘液分泌量の減少，排便反射の減弱，腸管運動機能の低下，薬剤（利尿薬など）の影響など

　★結腸性便秘：弛緩性便秘（腸の蠕動運動が低下してしまい，便が長く腸内に留まることで，水分が吸収され便の性状が便秘傾向となり，排出が困難になる．

　　　　　　　　痙攣性便秘：腸の蠕動運動が過度に強いことによって，水分が過剰に吸収され，便の性状が便秘傾向となり，排出が困難になる．

　★直腸性便秘：便が溜まっていても便意を感じなくなり，便が溜まってしまう．

　★薬剤性便秘：下痢や浣腸の連用による薬剤耐性によって，薬の効果が適切に出現せず，便の排出が困難になる．

☞　混乱状態，転倒・転落などの背景には，便秘などの不快感が潜むこともある！！

　② 下　痢

　下痢は，便の中の水分量が多くなった状態であり，ブリストル便性状スケールでは，タイプ6とタイプ7に該当する．下痢では便の性状の変化とともに，腹痛や腹部不快を伴うことが多い．どのような状態で下痢が生じているのかによって行うケアも異なるが，下痢の際にもっとも気をつけなければならないのは脱水予防である．高齢者や介護が必要な場合は，身体の中の水分貯蔵量が低下傾向にあるため，下痢により多くの水分が失われると容易に脱水になる．下痢である病状を鑑みながら水分補給を行うことが重要であるが，経口的に水分や電解質の補給ができる場合と，消化管の安静を保つために絶飲絶食として，輸液で水分や電解質の補給を行う場合もある．また，下痢により不消化物など刺激性の強い排泄物が肛門周囲の皮膚を汚染することにより，皮膚トラブルも発生しやすい．そのため，陰部の保清を行うことも重要となる．

<下痢の種類>

☆急性感染　：細菌やウイルスなどによって発症する．感染性胃腸炎であるノロウイルス感
　性下痢　　染症は，二枚貝（特に生カキ）を十分加熱せずに食することで発症すること
　　　　　　　が多いが，人への伝播が強く，高齢者施設での集団感染の報告も多い．ノロウイ
　　　　　　　ルス感染症では，吐き気・嘔吐・下痢の症状が強い．

☆非感染性　：ストレスや物理的刺激（暴飲暴食や腹部の寒冷刺激など），牛乳などのアレル
　下痢　　　ギー反応などによって感染性がない場合など．

☆慢性下痢　：原因となる要因がなく，消化管の機能の低下によって生じる下痢．高齢者や介護
　　　　　　　が必要な場合も多く，疾患としては，潰瘍性大腸炎やクローン病などがある．

☆嵌入便：高齢者や寝たきりなどの場合，下剤による効果が十分でなく，直腸に溜まった便の
　　　　　　外側だけが溶けて下痢として流れ出し，便塊はそのまま直腸に留まってしまうこと
　　　　　　もある．腹圧をかけられるような排便姿勢で排泄を試みたり，摘便が必要となる．

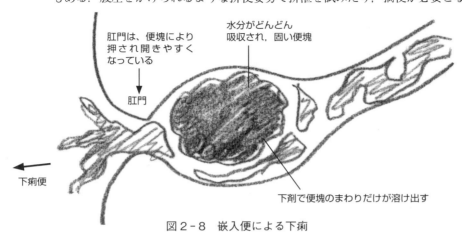

肛門は，便塊により
押され開きやすく
なっている

肛門

水分がどんどん
吸収され，固い便塊

下痢便

下剤で便塊のまわりだけが溶け出す

図2-8　嵌入便による下痢

2　排泄コントロール

1 下　剤

　自然な排便を促すことは重要であるが，必要に応じて下剤を使用することも多い．下剤を使用するときは，服用のタイミング（たとえば3日間排便がみられない時は使用するなど），薬剤名，量，服用時刻などを個々のケースに合わせて適切性を判断する．下剤の種類にもよるが，多めの水分で服薬するようにする．服薬後は，腹痛などの副作用の確認を行い，下剤の効果として，便意・腹痛の程度・便の性状などを把握し，次回の服薬に役立てる．

〈下剤使用時に気をつけること〉

☆刺激性下剤は即効性が高く，下痢になったり，トイレまで間に合わず少しの腹圧で便失禁になることも多い．排便時に腹痛を伴うことも多いため，服用後様子を観察する．

☆服薬時間を眠前にすることも多いが，作用発現時間は個々により差があるため，夜間に便意を催してしまうと，睡眠を妨げることになる．そのため，できるだけ昼間の時間帯に排便ができるよう，服薬時間のコントロールを行う．

☆長期間，下剤を使用することで，直腸が便意を感じにくくなることもある．定期的に下剤を使用している場合でも，毎回，期待する薬剤の発現効果があるかどうか確認していく．

2 坐薬（排便を促すための坐薬）

　坐薬は，直腸の毛細血管から薬剤成分が速やかに吸収され，全身に作用するため，作用発現が速いことが望ましい場合に使用される．

表2-45 坐薬を用いた排泄ケア

	主な行動	具体的行動	備考
準備	1. 説明など	1) 目的や方法を説明し，同意と協力を得る 2) 指示内容の確認（挿入時間など） 3) カーテンやスクリーンなどでプライバシーの確保	
	2. 必要物品を準備	1) 液体石鹸で手を洗いペーパータオルで丁寧に水分をふき取る（速乾性擦式手指消毒剤の使用も可） 2) 指定された坐薬（通常は冷蔵庫保存になっているのであらかじめ室温に馴染ませる），ディスポーザブルの手袋，オリーブオイル（潤滑油），ティッシュペーパー，バスタオル，防水布	
実施	1. 利用者の準備	1) 布団を外すことを説明し，バスタオルを布団の上にかけ，布団を扇子折にして足元に置き，バスタオルで全身を覆い，防水布を腰部に敷く 2) 膝を少し曲げた左側臥位の体位にする（必要に応じて多目的枕などで安楽を保つ） 3) ディスポーザブルの手袋を着用する 4) ズボンと下着を下げることを説明し，臀部がしっかりと露出されるまでズボンと下着を下げる 5) 指定された坐薬を容器から取り出し，オリーブオイル（潤滑油）をロケット状になった先の部分に塗る ＊坐薬挿入具を使用すると，より簡便に挿入できる	
	2. 坐薬挿入	1) 力を入れないように説明し，肛門の位置を確認して，坐薬のロケット状になった先の部分から，人さし指の第2関節が入るまでしっかりと坐薬を挿入する	
実施	3. 挿入後	2) 腹圧がかかると薬が肛門から出てきてしまうため，ゆっくりとリラックスするように話し，ティッシュペーパーを使って1分くらい肛門を軽く抑える 3) 10分くらいは我慢してもらうと良いが，便意が強くなったらトイレやポータブルトイレ（あるいは便器）で排便を行う 1) 反応便の状況（性状や量など）を観察する 2) 排便後の腹部不快感と腹部膨満感などを観察する	1/2の量の場合の切り方
1. 後片づけを行う 2. 手洗いをする 3. 報告・記録をする			

③ 浣腸（市販のディスポーザブルグリセリン浣腸器）

　坐薬で排便を促すことができる場合もあるが，便秘傾向が強い場合は浣腸を用いることが多い．介護職が実施できる浣腸は，市販されているディスポーザブルグリセリン浣腸器を用いた浣腸のみであり，看護職が実施できる浣腸の種類とは異なる．

表 2-46　市販のディスポーザブルグリセリン浣腸器を用いたケア

	主な行動	具体的行動	備　考
準備	1. 説明など	1) 目的や方法を説明し，同意と協力を得る 2) 指示内容の確認（挿入時間など） 3) カーテンやスクリーンなどでプライバシーの確保	
	2. 必要物品を準備	1) 液体石鹸で手を洗いペーパータオルで丁寧に水分をふき取る（速乾性擦式手指消毒剤の使用も可） 2) 市販のディスポーザブルグリセリン浣腸器（あらかじめひと肌程度に温める），ディスポーザブルの手袋，オリーブオイル（潤滑油），ティッシュペーパー，バスタオル，紙オムツ，ポータブルトイレ	
実施	1. 利用者の準備	1) 布団を外すことを説明し，バスタオルを布団の上にかけ，布団を扇子折にして足元に置き，バスタオルで全身を覆い，防水布を腰部に敷く 2) 膝を少し曲げた左側臥位の体位にし（多目的枕などで安楽を保つ），オムツを臀部に挟み込む 3) 前回注入した栄養物の消化状態（腹部状態や腸蠕動音，胃内残留物の確認） 4) ディスポーザブルの手袋を着用する 5) ズボンと下着を下げることを説明し，大腿の半分くらいまでズボンと下着を下げる 6) 温めた浣腸器の先にオリーブオイル（潤滑油）を塗る	
	2. 浣腸液注入	1) 力を入れないように説明し，肛門の位置を確認して，浣腸器の先端部分が見えなくなるまで挿入し，ティッシュペーパーで肛門周囲を保護しながら薬液をゆっくりと入れる	市販のディスポーザブルグリセリン浣腸器は人肌程度に温めておく
	3. 挿入後	2) 腹圧により薬が肛門から出てきてしまうため，ゆっくりとリラックスするように話し，ティッシュペーパーを使って1分くらい肛門を軽く抑える 3) 10分くらいは我慢してもらうと良いが，排便反射が短時間で起ることも多く，状況によって対応する．ポータブルトイレ（あるいは便器）で排便を行う 1) 反応便の状況（性状や量など）を観察する 2) 排便後の腹部不快感と腹部膨満感などを観察する	利用者の身体的な状況もあるため，ポータブルトイレ（あるいは便器）で浣腸を行う場合もある ポータブルトイレ（あるいは便器）で排便ができない場合は，ベッドの汚染が生じないようにサルバ（フラット式のおむつ）なども用意する
1. 後片づけを行う 2. 手洗いをする 3. 報告・記録をする			

3　消化管ストーマの実際

１　消化管ストーマの種類

　直腸がんやクローン病などの疾患は，治療の為に腸の一部分を切除する．そのため，従来の肛門から便を排出することができず，人工的に腹壁に作成したストーマにより便を排出する．

ストーマは，切除された腸の部位により，4つに大別できる．

〈代表的な消化管ストーマ〉

☆S状結腸ストーマ：直腸を切断した場合など．便の性状は手術前とほぼ変わらない．

☆上行結腸ストーマ：結腸の一部を切除した場合など．便はやや水分が多くなる．

☆横行結腸ストーマ　：結腸の一部を切除した場合など．ストーマの孔は，双孔式（2つのストーマがある）になることもある．便はやや水分が多くなる．

☆回　腸　ス　トーマ：大腸の全摘出をした場合など．大腸がないため，便は水様となる．

☞　結腸の造設は「コロストミー」，回腸の造設は「イレオストミー」

② 消化管ストーマ装具の交換・装着方法

〈必要な道具〉

☆皮膚保護剤：ストーマからの排泄物から皮膚を保護するために用いる．主な作用としては，① 皮膚保護剤が皮膚に密着することで，ストーマからの排泄物を皮膚に付着させないようにする，② 皮膚から排出される汗や排泄物の水分を吸収する，③ 皮膚に付着した排泄物の刺激を低減させる緩衝作用，④ 細菌の繁殖を抑える静菌作用，である．

☆ストーマ装具：ストーマからの排泄物を受ける袋状になっている．

　　　★ツーピースタイプ：皮膚保護剤のフランジ（面板）にはめ込んで使用する．

　　　★ワンピースタイプ：皮膚保護剤とストーマ装具が一体化している．

　　　■凸面構造装具：陥没型のストーマの場合に使用する．

　　　■クローズ型装具：閉鎖式であるため，臭気も漏れにくい．

☆補正用皮膚保護剤

　ペースト状とパウダー状のものがあるが，排泄物が皮膚に付着しないように，ストーマ周囲の隙間を解消するために使用する．

☆関連した用具

　固定用ベルト（凸面構造装具時に使用することが多い），ストーマカバー，サージカルテープ，消臭剤，洗浄用器具など

〈ストーマ装具の選び方〉

☆ストーマのサイズに適合すること

☆皮膚の炎症をおこさないもの

☆ストーマの位置と皮膚の弾力性を考慮すること（皺が多い時なども）

☆扱いが容易であること

☆排泄物の性状や回数を考慮する

☆防臭性も考慮する

☆経済性やその人の日常生活に配慮する

表2-47　オープン型の消化管ストーマ装具の交換・装着に対するケア

	主な行動	具体的行動	備　考
準備	1. 説明など	1）目的や方法を説明し，同意と協力を得る 2）指示内容の確認（ストーマパウチの交換など） 3）カーテンやスクリーンなどで，プライバシーの確保	
	2. 必要物品を準備	1）液体石鹸で手を洗い，ペーパータオルで丁寧に水分をふき取る（速乾性擦式手指消毒剤を使用も可） 2）ストーマ装具一式，微温湯，ガーゼ，ティッシュペーパー，タオル，バスタオル，ストーマの型紙，ボールペン，はさみ，石鹸，ディスポーザブルの手袋，補正用皮膚保護剤，防水布，洗濯はさみ2つ，ごみ袋，（剥離剤）	
実施	1. 利用者の準備	1）座位保持が可能な場合は，トイレあるいはポータブルトイレに座ってもらうが，寝たきりの場合は布団を外すことを説明し，布団を扇子折にして下半身にかける 2）排泄物で衣服が汚れないように上着を引き上げ，洗濯はさみで軽くとめる 3）ストーマ周囲に防水布を敷き，その上をバスタオルで覆う 4）ディスポーザブルの手袋を着用する	
	2. 交換と装着	1）留めてあるパウチの袋の裾の部分を外し，パウチの裾を便器に向けて排泄物を捨てる．ベッド上の場合は，ごみ袋の中に排泄物を捨てる 2）ストーマ周囲の皮膚に接着しているフランジ（面板）を，皮膚を押さえながらゆっくりとはがす．はがれた部分を微温湯で湿らせたガーゼで押さえながらはがすと良い．粘着性が強い場合は，無理をせず剥離剤を使用する 3）はがしたフランジを観察し，溶け具合を観察する．溶けている部分が1cm以上であれば，新しいフランジと交換をする 4）ストーマ周囲の皮膚を，石鹸をつけたガーゼで優しくきれいに洗う．その後タオルなどで水分を十分拭き取り乾燥させる　⇒　皮膚に異常があればすぐに医療職へ報告！	溶けている部分の観察をして，交換が必要かどうかを決めていくが，医療職がフランジの交換を行う

		5)ストーマ周囲の皮膚からの出血は一時的なことが多いため，ティッシュペーパーでしばらく押さえ，止血できない時は速やかに医療職へ報告する 6)新しいフランジを用いる時は，ストーマの大きさに合う大きさを計測しはさみで切り用意をする（同じ場合はあらかじめカットしておく） 7)フランジは周囲の皮膚を伸ばしながら，ストーマにふれないように慎重に装着する．皮膚の皺が多い場合や皮膚表面に凸凹がある場合は，凸面構造装具を用いる．また，状況に応じて皮膚保護剤を用いて隙間をできるだけ少なくする 8)パウチは穴のある部分を下に向けて装着する 9)ストーマ袋を膨らませて，漏れがないかどうか確認する 10)裾の部分を2-3回巻き上げてマジックテープなどで留めて漏れがないようにする 11)ストーマ：形，色調（正常では淡赤色，循環障害で暗紫色など），浮腫，パウチ内：便の状況（性状や量など），排ガス（パウチが膨らむ），出血，皮膚の状態：びらんの有無，発赤などを観察する	 フランジの交換を行う場合は，ストーマ周囲の清潔を保つため，優しく洗浄する．
1. 後片づけを行う 2. 手洗いをする 3. 報告・記録をする			

4　自己導尿の実際

1 導尿の種類

　自然排尿が困難となったり，自然排尿があるものの残尿量が多い場合などに，導尿で尿を体外へ排出する必要がある．また，前立腺肥大症などによる尿閉で尿意があるにも関わらず尿を排出することが困難な場合もある．このような場合に導尿を行う．導尿はカテーテルを留置して持続的に行う場合と，間歇的に行う場合があるが，後者の方が尿路感染のリスクを低減できる．

表2-48　自己導尿の準備・体位保持のケア

	主な行動	具体的行動	備　考
準備	1. 説明など	1)目的や方法を説明し，同意と協力を得る 2)指示内容の確認（注入開始時刻，注入時間など） 3)カーテンやスクリーンなどでプライバシーの確保	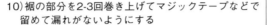
	2. 必要物品を準備	1)液体石鹸で手を洗い，ペーパータオルで丁寧に水分をふき取る（速乾性擦式手指消毒剤を使用も可） 2)導尿用カテーテル，消毒液，オリーブオイル（潤滑油），清浄綿，鏡，ペンライト，ディスポーザブルの手袋，ティッシュペーパー，排尿日誌	

実施	1. 利用者の準備	1）利用者も手洗いを行う．必要に応じて清浄綿を用いて手を拭く 2）ズボンと下着を脱ぎ，体位を整える（男性の場合は便座に座った姿勢で良いが，女性の場合は，洋式便座に片足を上げた姿勢の方が良い時もあり，利用者と相談をしながら，自己導尿を行いやすい姿勢を探す） 3）利用者及び介護者は必要に応じてディスポーザブルの手袋をつける 4）女性の場合は，尿道口がみえやすいように鏡を設置する	カテーテル挿入直後
	2. 自己導尿の介助	1）清浄綿を利用者に渡し，尿道口を拭くように促す（女性の場合は前から後ろ） 2）女性場合は，尿道口の鏡の映り具合をみながら，必要に応じてペンライトを用いて尿道口付近を明るくする 3）作業中は，転倒・転落に対応できるよう姿勢の保持を行う 4）導尿用カテーテルの挿入は利用者自身が行うが，介護者は，尿が排出されるカテーテル末端部が常に便器の中にあることを確かめる（必要に応じて尿量測定） 5）排尿後，利用者自身が抜去したカテーテルはそれぞれの事業所の規定に沿って処理をする	カテーテルによる排尿時 男性は，亀頭部を尿道口を中心として「の」の字を書くように中心から外側に向かって拭く
	3. 導尿後	1）排尿日誌をつける 2）自己導尿の動作行為 3）挿入時痛や挿入困難などの観察する 4）排尿の状況（性状や量など）を観察する	女性は，尿道口を先に拭き，左右に広がるように大陰唇に向かって拭く
1. 後片づけを行う 2. 手洗いをする 3. 報告・記録をする			

5 排泄を促すケアのチェックリスト（知識・技術）

1 あなたの「排泄を促す」ケアの知識について，あてはまる箇所に1つだけ○をつけて下さい．	知識が全くない	知識があまりない	知識がある	知識が充分ある
1） 排泄時の体位と腹圧の関係が分かる	1	2	3	4
2） 排泄コントロールの必要性が分る	1	2	3	4
3） 加齢に伴い腎臓機能低下により濃縮尿の生成ができないことが分かる	1	2	3	4
4） 加齢に伴い膀胱の溜尿量が減少することが分かる	1	2	3	4
5） カテーテルが屈曲すると尿漏れを起こすことが分かる	1	2	3	4
6） 膀胱よりウロパックの位置関係が高いと膀胱への逆流を招き，膀胱炎や腎盂腎炎に至ることが分かる				
	1	2	3	4

2 あなたの「排泄を促す」ケアの技術について，あてはまる箇所に1つだけ○をつけて下さい．	実践が全くできない	実践があまりできない	実践できる	実践で充分できる
1） 排泄時は前傾姿勢を保持し腹圧がかけやすいように体位を保持できる	1	2	3	4
2） 排泄習慣を把握しタイミングよく排泄援助ができる	1	2	3	4
3） 脱水予防を行うことができる	1	2	3	4
4） 頻尿に対応できる	1	2	3	4
5） 尿漏れを防ぐため，カテーテルを屈曲しないように管理できる	1	2	3	4
6） ウロパックの位置を膀胱より低く管理できる	1	2	3	4

第6節 身だしなみ

1 爪切り・爪のヤスリかけ

1 爪にはどんな役割があるの

　爪は皮膚の付属器官で指先を保護する役割や，感覚が敏感なため細かな作業をするのにも重要である．また，物をつまむなど指先に力を入れる事にも役立っている．さらに，足の爪は体を支えること，歩くのに重要な指先に力を入れるためにも必要な器官である．

　このように，爪は，手と足の役割に欠かすことのできない大切な機能を持っている．

② 異常がある爪の見分け方

〜健康な爪〜

　健康な爪の色はピンク色である．また，爪を圧迫することにより白くなるが，圧迫を解くと 2 秒以内に赤みが戻るのが正常である．また，表面は滑らかでつやがあり斑点や凸凹などはない．

〜異常がある爪〜

　爪にいつもと違う様子がみられたら，自己判断せずにすぐに医療職へ相談する．

表 2 - 49　爪の色の変化が生じる場合の例

色	考えられる疾患や状態	介護職の対応
白　色	爪感染症（カンジダ・白癬など），貧血など	他に感染しないように予防に心掛ける
紫　色	チアノーゼ，体の酸素不足，心臓病など	循環不全の恐れがあり，すぐに医療職へ
赤　色	多血症，脳血栓，心筋梗塞など	体内の水分不足がないよう水分補給
黄　色	栄養不足，肺の病気など	煙草やジェルネイルの影響がないか確認
緑　色	緑膿菌感染，かび	他に感染しないように予防に心掛ける
黒　色	壊死，悪	黒色の外側の爪や皮膚に痛みがないか確認

表 2 - 50　爪の形の変化が生じる場合の例

形	考えられる疾患や状態	介護職の対応
爪の縦・横線	栄養不足，老化現象	深爪をしない．庇護的に扱う
先端が割れる	栄養不足，老化現象，爪感染症，貧血など	爪が欠けたり割れたりしたら，すぐにやすりなどで爪を整え，ひっかからないようにする
スプーン状爪	鉄欠乏性貧血，甲状腺機能亢進症など	動作はゆっくりと，貧血症状が起こらないようにケアを行う
ば　ち　状	慢性的な心疾患・肺疾患	呼吸がしにくいときは，ゆっくりと口すぼめ呼吸を行うなど，声をかける

③ 爪切り・爪のヤスリのかけ方

　① 観　察

　爪の状態，指の間，周辺の皮膚などを上・前・横から見て全体的に観察し異常の有無を把握する．

〈爪〉

　爪の長さ・変形・色・厚さ・割れ・剥がれ・巻き爪・表面のなめらかさ

〈皮　膚〉

　角質・色・水疱・炎症・潰瘍・硬さ・痛み・痒み・ひび割れ・タコ・ウオノメ

　② 説　明

　「○○さん爪が伸びているようなので，これから爪を切ってもいいですか？」…など，相手に伝わりやすい言葉で説明をする．また，言葉だけではなく爪を見せる，触ってもらうなど

して本人に知らせることも良い.

　③　使用物品の準備

　爪切り，ヤスリ，ティッシュペーパーなど，蒸しタオルまたは手浴・足浴の準備，ごみ袋，ハンドクリーム

　④　蒸しタオルで爪を温める，または，手浴・足浴を行う

　爪がやわらかくなり切りやすくなる.

　⑤　爪を切る

・切った爪が飛び散らないようにティッシュペーパーなどを敷く.

・爪の伸びている白い部分を1mmほど残し指の形に合わせてまっすぐに切る.

・両サイドの角を取るように整える（図3－21）.

〈爪切りのポイント！〉

・手のひらから指先を見て爪が見えたら切りどきである.

・切った後，手のひらから指先を見て見えるか見えないかぐらいの長さに切る.

　（白い部分を少し残すという意識を持つ）

・爪に負担をかけないように数回に分けて細かく切ると切りやすい.

・両端は少し伸ばし気味にして角を落とさないことが重要である.

・麻痺のある場合は，指の間にタオルを挟むなど指を離してから行うと切りやすい.

・爪を切る時は相手に恐怖心や不安を抱かせないように「痛くないですか？」と声をかけながら行うと良い.

　⑥　ヤスリで爪先を整える

・切った爪の溝に45度の角度で当てる.

・外側から中心に向かってヤスリを引くようにして動かす.

〈ヤスリかけのポイント！〉

・ヤスリで押したり引いたりを繰り返すと爪に負担がかかるため一定方向に動かす.

　⑦　ハンドクリーム等で保湿する

・優しくマッサージをしながら行う.

　⑧　爪をごみ袋に入れ周囲の汚れがないか確認し後片づけをする.

2　日常的な口腔ケア

1　口にはどんな役割があるの

　口には"食べる""話をする""呼吸をする""表情をつくる"というようなさまざまな役割がある．どれも人が生活していくうえで大切なものであり欠かせない．また，口の役割を円滑に行うためには唾液で口の中が潤っていることが重要である.

2 口の中はどのようになっているの

〈口　腔〉

　食べ物が入る入口の部分で，食べ物を噛み砕く，消化する，味を感じるといった消化に関係する役割や，話をする，呼吸を助けるという役割も持っている．口腔内のいわゆる上あご（口蓋）の硬い部分を硬口蓋といい，食べ物をのどに送る補助の役割がある．また，軟らかい部分は軟口蓋といい，食べ物が鼻に流れていかないように遮断する役割がある．口腔内にはその他に，歯・舌・唾液腺などの付属器官がある．

〈歯〉

　歯は食べ物を噛み砕くための硬い器官で，上下合わせて32本で構成され，その根元は歯肉に覆われており土台にしっかりと固定されている．

〈舌〉

　舌は，噛む，飲み込む，味を感じる，声を出すといった役割に関係している．

〈唾液腺〉

　口腔内には粘膜全体にある小唾液腺，独立した腺をもつ大唾液腺があり，大唾液腺は耳下腺，顎下腺，舌下腺の 3 種がある．唾液は 1 日に1,000～1,500ml 分泌されている．

3 口腔状態の観察

　口腔ケアは歯を磨くだけではなく，口腔粘膜全体を観察しきれいにすることが大切である．そのためにも，口の中の状態を十分に観察し把握することが重要である．また，介護が必要な状態になると，免疫力が低下する，唾液が減るなどさまざまな要因で歯だけではなく口の中全体が汚れやすくなることにより口腔内の病気も起こりやすくなる．

〜健康な口腔内〜

・歯肉：うすいピンク色．弾力があり，歯に密着し多少の刺激では出血しない．

・歯：うすい象牙色．

・舌：舌の表面は多少ザラザラしている．

・口腔粘膜：薄いピンク色．粘膜全体に潤いがありツヤツヤしている．

〈口腔内観察のポイント〉

・口腔内は乾燥していないか

・粘膜に出血や傷，炎症はないか

・歯がぐらついていないか．虫歯はないか

・舌の色が白っぽい・黒っぽいなど汚れが付いていないか

・食べかすが残っていないか（歯・歯と歯肉の間，粘膜，舌など）

・上あご（口蓋）に痰や痂皮が付いていないか

～ケアが必要な口腔内～

・食べかすが貯まっている（歯・歯と歯肉の間，粘膜，舌など）

・口腔内，唇が乾燥している

・口臭が強い

・喀痰が貯まっている

4 口腔ケアの方法

　① 観　　察

　歯の状態・口腔粘膜・食べ物のかすなどが残っていないかなど利用者の口腔内の状態を把握し，どのような道具を使い，どのようにケアを行うのが良いか計画を立てられるように観察を行う．

　② 説　　明

　「○○さん，お食事が終わりましたのでこれから口の中をきれいにしていきませんか？」…など，相手に伝わりやすい言葉で説明をする．口はとてもデリケートである．説明せず触れてしまうと口が開かないなどケアへの拒否につながってしまう．利用者の準備ができてからケアを始めていく事が必要である．

　③ 使用物品の準備

　口腔内の状態によってケアに使用する物品はさまざまに変化する．利用者にあわせたケア物品の選択する．

表2-51　口腔ケアの物品の選び方と管理

歯　ブ　ラ　シ	毛先が柔らかいものとし，毛先が開いたら交換する
義 歯 用 ブ ラ シ	義歯専用の歯ブラシを用意する
スポンジブラシ	意識状態が悪い場合や嚥下機能が著しく低下している場合に用いる 使い捨てが原則
舌　ブ　ラ　シ	舌の上専用のブラである 舌苔がある場合だけであう，日常的に使用することも多い
歯 間 ブ ラ シ	歯間の汚れを除去する．類似したものにデンタルフロスがある
口腔ケア用ウエットティッシュ	意識状態が悪い場合や嚥下機能が著しく低下している場合に用いる

　④ 体位を整える

　口腔ケアを行うことで唾液が出やすくなったり，うがいをするなど口腔内の水分が多くなる．そうした場合適切な体位をとっていないと誤嚥を起こし，誤嚥性肺炎を引き起こしてしまう危険がある．予防をするために，利用者の状態にあった体位を整えケアを行うことが重要である．

～座る姿勢の場合（車いす・椅子）～

安全で疲れにくい体位にする．背もたれや肘掛のある椅子などを選ぶと良い．

＊麻痺がある場合は，麻痺側にタオルや枕などで姿勢が崩れないようにする．

～寝る姿勢の場合（ベッド上）～

横に向き，腰を少し引き安楽な体位をとる．

＊麻痺がある場合は，誤嚥防止のため麻痺側を上にする．

～上体起こし姿勢の場合（ベッド上）～

ギャッジアップをして無理のない範囲で体を起こして行う．顔は横を向く．

＊麻痺がある場合は，麻痺側にタオルや枕などで姿勢が崩れないようにする．また，足の下にクッションを入れるなどして体がずり落ちないよう安定させると良い．

⑤　歯ブラシを使った口腔ケアの方法

ⅰ）歯ブラシは，鉛筆を持つように握ると良い．

＊余計な力を入れず適切な圧力で磨く．

ⅱ）歯磨き粉は，1 cm 程度で良い．

＊たくさんつけて磨くとよく磨けたように感じてしまいがちで不十分な磨き方になりやすい．また，泡がよく出ることで誤嚥の危険もある．適切な量にする．

＊うがいができない利用者の方には，発泡剤の入っていないジェルタイプの歯磨き粉が良い．施行後に口腔ケア用ウエットティッシュやガーゼを使用し拭き取っていく．

ⅲ）磨いていく．

＊口腔内をうがいなどで潤す．歯ブラシを90度に当て，小刻みに動かしながら磨く．力を入れすぎないようにやさしく動かす．一度に1 ～ 2 本ずつ磨きくと良い．

ⅳ）うがいを行う．

うがいは，口腔内の汚れが取れるようにブクブクうがいをする．

ⅴ）口元の水分を拭き安楽な体勢に整える．

ⅵ）利用者にケアの終了を知らせる．

表 2-52　汚れが残りやすい場所と口腔ケアの留意点

歯と歯茎の間	毛先を歯と歯茎の間に当てながらゆっくり歯を 1 本ずつ磨くようにする
頬の裏側や上顎内側	嗽が不十分な場合は，口腔ケア用ウエットティッシュなどでぬぐい取る
舌	日常的に舌ブラシを用いる．口腔が常に乾燥しているときは医療職に相談する

⑥　スポンジブラシを使った口腔ケアの方法

ⅰ）スポンジブラシを浸すコップ，洗浄するコップ２つを準備する.

・２つ準備することで常にきれいな状態のスポンジブラシを使用することができる.

ⅱ）コップに水をくみスポンジブラシを浸す.

・浸すものにはマウスウオッシュなどを使用しても良い.

ⅲ）誤嚥を予防するために水分を絞る.

ⅳ）歯・粘膜についた汚れを優しくかき出すように取り除く.

・歯：歯ブラシのように小刻みに動かしながら磨いていく．また，スポンジブラシの溝を利
　用し歯と歯の間の汚れを取り除く.

・歯肉：歯肉に沿って強くこすりすぎないように優しく撫でるようにする.

・口腔粘膜：頬と歯肉の間にスポンジブラシを入れ奥から手前に，唇と歯肉の間は左右に動
　かす.

・上あご：奥から手前に向かってスポンジブラシを動かす.

・舌：奥に入れすぎず，中央部から手前に向かって軽く拭いていく.

ⅴ）汚れが付いたらそのつど洗浄し，きれいなものを使用する.

ⅵ）うがいを行う.

・うがいは，口腔内の汚れが取れるようにブクブクうがいをする.

・うがいができない利用者の場合は，最後にきれいなガーゼなどで全体を拭き取る.

ⅶ）口元の水分を拭き安楽な体勢に整える.

ⅷ）利用者にケアの終了を知らせる.

こんな時はどうしたらいいの？
Q. こびりついた汚れはどうしたらいいの？
A. 保湿剤を塗り20〜30秒ほどたった後スポンジぶらしなどで優しく拭き取る．この汚れはなかなか取れ
　ない．１度のケアで取りきるのではなく，保湿と粘膜ケアを繰り返し徐々に取り除いていく.

Q. 舌は歯ブラシで磨いていいの？
A. 歯ブラシでは刺激が強すぎて傷つけてしまう．スポンジブラシや，舌ブラシを使用して優しいケアが
　重要である.

Q. 口の中が乾燥しているときにはどうしたらいいの？
A. 口腔内の乾燥は禁物である．唾液の分泌を促すためのマッサージやうがい，保湿剤を使用するなどの
　対策をとる.

5　義歯の手入れ

　義歯を使用している利用者にとって，義歯は食べることだけではなく，会話をする，体のバ
ランスを保つためにもとても重要なものである．また，義歯を手入れすることでお口の中の細

菌を減少させ感染のリスクを減少させるとともに，爽快感が得られ日常生活を生き生きと過ごすためにも大切なケアのひとつといえる．

～義歯の取り扱い方～

① 外し方

ⅰ）部分義歯

・バネがある場合には，バネに指や爪をひっかけ外す方向にゆっくりと力をかけて外す．

ⅱ）総義歯

・上の入れ歯は，前歯の部分を指でつまんで後ろを下にさげる．下の入れ歯も，前歯の部分を指でつまんで端を引き上げるようにして外す．

② 保管の仕方

・基本的に起きている時は義歯を使用し，就寝する時には外して保管容器の中に入れておく．保管する場合は，容器に水を入れその中で義歯がしっかりと水に浸るようにする．また，洗浄剤を使用することで義歯についた細菌を減らす事ができる．

③ 磨き方

ⅰ）入れ歯を外し流水下で水洗いをする．

・この時点で食べかすなどを落としておく．

ⅱ）義歯専用ブラシを使用しブラッシングをする．

・歯磨き剤は使用しないか義歯専用の歯磨き剤を使用する．一般的な歯磨き剤は研磨剤が入っているため，義歯に細かな傷ができ細菌の繁殖につながってしまう．

・歯の間，バネの部分など細かな汚れやヌルヌルした汚れをしっかりと取り除いていく．

ⅲ）最後にもう一度すすぎ洗いをする．

・ブラシで落とした汚れを十分に洗い流す．

＊義歯は衝撃に弱く，落とすことで容易に割れてしまう．取り扱いを丁寧に行い，落とさないように気をつける．また，洗浄する場合には，下に水を張った洗面器を置き，万が一落としてしまった場合でも割れにくいような対策をとっておく．

忘れないで!!
　義歯を使用している人にとって，義歯の洗浄だけが口腔ケアではない．外した後の口腔内の観察をよく行い，粘膜に異常がないか，出血や腫瘍はないか，義歯のあたる部分に赤みが無いかなどよく観察していき，残った歯や粘膜のケアをしっかりと行う．

3　耳垢の除去

1　耳にはどんな役割があるの

　耳は"音を集めて聞く"といった外界の情報を音として集め，脳に伝えるという聴覚器官である．また，それだけではなく"平衡感覚を保つ"などといったバランス感覚をつかさどる平衡覚器官としての役割も持ち合わせている感覚器官のひとつである．

2　耳はどのようになっているの

　外耳，中耳，内耳の3つの構造に分けられる．内耳はさらに蝸牛と前庭・三半規管に分けられ，その先は聴神経で脳につながっている．また，中耳は耳管という管で鼻の奥とつながっている．外耳は耳介と外耳道に分けられ，耳垢があるのはこの外耳道の部分である．

3　異常がある外耳道の見分け方

〜正常な外耳道〜

　外耳道の中は皮膚でおおわれ薄いピンク色をしており，細かな耳毛が生えている．

〜外耳道の病気〜
　① 外耳道炎：外耳道に炎症を起こした状態である．主に耳の掃除など，耳を触りすぎることによって起こることが多い病気である．
　② 悪性外耳道炎：抵抗力の低下した高齢者に起こる緑膿菌による外耳道感染症のひとつである．
　③ 外耳道閉鎖症：耳の中の外耳の部分に耳垢やゴミがあることで外耳道を塞いでしまう．
　④ 外耳道異物：外耳道内に虫や玩具などの異物が入って取れなくなった状態である．
　⑤ 外耳道湿疹：耳の穴の中の皮膚にできる湿疹で痒みがある．
　⑥ 外耳道真菌症：外耳道に炎症が起き，そこにカビがついてしまう病気である．外耳炎に続いて起こることが多い病気である．

4　耳垢について

　外耳道は約3cmの長さがある．耳の入り口から3分の1（1cm）の所に耳垢腺があり，そこから分泌される油を元として耳垢ができる．日本人の6〜8割はこの腺が少ないのでカサカサした耳垢，2〜4割がベトベトした耳垢になる．

5 耳垢の除去方法

① 観　　察

　耳垢の有無，耳垢の状態，外耳道の皮膚状態（傷の有無・炎症の有無・異物の有無など）を観察する．

＊外耳道は光が入らないと良く見えないため，ペンライトで照らす，太陽光を使用するなどよく見えるように工夫する．

② 説　　明

「○○さん耳垢が貯まっているようなので，これから耳の掃除をしてもいいですか？」…など，相手に伝わりやすい言葉で説明をする．

③ 使用物品の準備

耳かき棒，綿棒，ティッシュペーパー，ペンライト，ごみ袋

＊物品の選択：耳垢の状態によって使用する物品を選ぶことで効果的に耳垢の除去ができる．

　一般的な耳かき棒：カサカサした耳垢　　　綿棒：ベトベトした耳垢

④ 耳垢を除去する

ⅰ）痛い時には手を挙げてもらうなど合図を決めておく．安心してケアが受けられる．

ⅱ）耳かき棒（綿棒）を周りに触れないようにそっと入れる．

ⅲ）入れる長さは 1 〜1.5cm 程度にする．

ⅳ）引き抜くようにしながら周囲を拭っていく．

〈耳垢を除去するポイント〉

・耳かき棒（綿棒）を奥まで入れすぎないようにする．

　＊耳垢を奥に押し込んでしまう原因となる．

・入れる長さは 1 〜1.5cm を守る．

　＊耳の皮膚は古くなるに従って鼓膜の周辺から外へと移動し，耳毛のある入口 1 〜1.5cm ぐらいの場所にたまる．そのため奥まで掃除する必要はなく耳の穴から 1 〜1.5cm 位で十分である．

・耳垢除去は 1 か月に 1 〜 2 回で十分である．

　＊皮膚の移動が約4週間かかるといわれているため，月に 1 回か 2 回で良い．

・そっと撫でるように拭いていく．

　＊外耳道の皮膚は大変薄く傷つきやすい．傷がつくことによって外耳道炎を起こすことも考えられるので注意が必要である．

⑤ 後片付け

　耳垢をごみ袋に入れ，周囲の汚れがないか確認し後片づけをする

耳垢が硬くて取れない，多量となり取れない，嫌がるなど耳垢の除去が困難な場合は無理せず，耳鼻科へ受診し専門家に任せる．また，取った耳垢の色がおかしい，臭いが強い，出血している，かゆみを強く訴える等の場合も早めに耳鼻科を受診する．

4　身だしなみを整えるケアのチェックリスト（知識・技術）

1　あなたの「身だしなみを整えるケア」の知識について，あてはまる箇所に1つだけ○をつけて下さい．	知識が全くない	知識があまりない	知識がある	知識が充分ある
1）　高齢者（加齢に伴い）皮膚が傷つきやすいことが分かる	1	2	3	4
2）　褥瘡のリスクに対するアセスメントとしてブレーデンスケールが分かる	1	2	3	4
3）　基礎疾患により皮膚損傷が生じやすいことが分かる	1	2	3	4
4）　褥瘡予防（圧迫除去・ズレ防止・摩擦の軽減など）が分かる	1	2	3	4
5）　皮膚の創傷に対して止血方法が分かる	1	2	3	4
6）　加齢に伴う爪の変化が分かる	1	2	3	4

2　あなたの「身だしなみを整えるケア」の技術について，あてはまる箇所に1つだけ○をつけて下さい．	実践が全くできない	実践があまりできない	実践できる	実践で充分できる
1）　高齢者（加齢に伴い）皮膚の損傷を招かないように気をつけることができる	1	2	3	4
2）　ブレーデンスケールを用いて褥瘡のリスクに対するアセスメントができる	1	2	3	4
3）　基礎疾患がある場合は，皮膚の保護に努めることができる	1	2	3	4
4）　褥瘡予防（圧迫除去・ズレ防止・摩擦の軽減など）が実施できる	1	2	3	4
5）　圧迫止血が実施できる	1	2	3	4
6）　正常な爪と異常な爪を判断できる	1	2	3	4

第7節　緊急時の対応

1　発熱時の対応

　人間の体温は，視床下部にある体温調節中枢によって，ほぼ36.0～37.0℃の一定の温度で維持され，熱の産生と放散がバランスよく調節されている．熱産生のほとんどは，食事から摂取した食べ物の中のたんぱく質，糖質，脂肪が代謝され，その結果エネルギーが熱に変換され，

基礎代謝となる．高齢者は基礎代謝が低下しており，30代〜40代と比較すると男性では20％程度，女性では15％程度前後の体内熱産生量が低下する．また，発熱とは，さまざまな原因によって体温調節中枢機能の障害やなんらかの発熱物質により，正常より高い温度レベル（セットポイント）で体熱の産生と放散が行われている状態をいう．

　アンバランスなためにおこる状態は「うつ熱」といわれ，広義においては発熱に含まれる．発熱による生体反応は，アドレナリン分泌がおこり交感神経系が興奮し，呼吸数の増加，脈拍数の増加，血圧上昇をきたす．また，発熱は代謝の亢進を意味し，① エネルギー消耗による活動量の低下，腸蠕動の低下，全身倦怠感，② 発汗量・不感蒸泄増加による脱水や不快感，③ 消化機能低下による食欲不振，嘔吐，下痢，便秘などに伴う栄養状態の悪化をきたす．高齢者では平熱が35℃台と低い，このため37℃台でも平熱より2℃も高いことがあり，問診で平熱がいくらくらいか訊く必要がある．

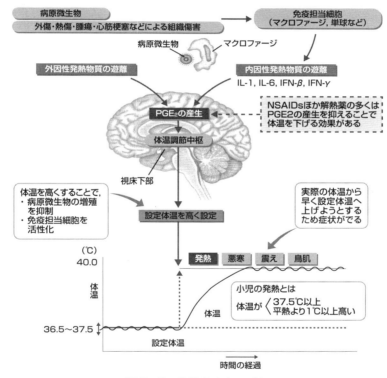

図2-9　発熱のメカニズム

出典）石黒彩子ら編『発達段階からみた小児看護過程＋病態関連図』医学書院，2008，p.640 より改変

表2-53　発熱の分類と熱型

発熱の分類	微熱（軽熱）	37.6〜37.9℃
	中等熱	38.0〜38.9℃
	高熱	39.0℃以上
おもな熱型	稽留熱（けいりゅうねつ）	体温が持続的に上昇して1日の体温差が1℃以内のもの
	弛張熱（しちょうねつ）	1日の体温差が1℃以上あり，低い時でも平熱までは下がらないもの
	間欠熱（かんけつねつ）	日内変動が1℃以上でとくに周期性はみられないもの
	二峰熱（にほうねつ）	発熱が数日みられたのちいったん下がるが，再び上昇し，のちに解熱するもの

〈ケ　ア〉

① 安静の保持：発熱が持続すると体力の消耗が激しいため，安静に過ごせるようにする.

② 冷罨法：腋窩，鼠径部に氷のうを貼用し冷却する.

③ 解熱薬の投与：指示により解熱剤を投与する. 解熱剤の投与後は，30分〜1時間後に体温を測定し，その反応を確認する.

④ 清潔の保持：基礎代謝の亢進により発汗は多くなる. 発汗による不快感の除去や皮膚の保護，二次感染を予防するために皮膚の清潔を保つ. 可能な限り清拭，寝衣交換を行う.

⑤ 栄養の補給：疲労による食欲低下，消化機能の低下による吐きけ・嘔吐・下痢などの諸症状，消化液分泌の減少などの理由により食事を摂ることが困難な時がある.

⑥ 水分・電解質の補給：発汗，呼吸数の増加などにより水分の需要が増大する一方で，摂取量は減少し脱水に陥りやすい. 白湯・お茶など十分な水分と，バランスのとれた電解質の補給が重要である.

① 罨法（冷罨法と温罨法）

患部を温める療法を温罨法といい，患部を冷やす療法を冷罨法という. 寒冷刺激を受けると皮膚温度が低下し，知覚神経の興奮を鎮め，感覚を麻痺させことによる鎮痛効果があげられる. 温熱刺激は知的神経へ作用し，筋肉の緊張やけいれんを緩和する. 罨法による温熱・寒冷刺激が与える生体反応は，意識障害や感覚障害がある場合，自分で危険を回避できないため，温罨法による低温熱傷，または冷罨法による凍傷をひき起こさないように観察を行う.

〈温罨法（温枕）の準備〉

① 温枕の3分の1から半分くらいにお湯を入れ，空気を抜き，しっかり栓をする.

② 温枕を逆さまにし，湯がもれないことを確認する. 温枕の水分をふき取る.
　カバーかタオルで温枕をくるんでおく.

③ 温罨法を使用する目的にそって，利用者を観察する.

④ 温罨法を実施する間，静かに臥床していられるように，本・ビデオなどの遊びを準備する．

〈冷温罨法（氷枕）の準備〉

① 氷枕の半分から 3 分の 2 くらいに氷を入れ，平らになるように水を入れる．

② 空気をぬき，クリップをとめる．氷枕をさかさまにして，もれがないか確認する．

③ 水滴をふき取り，カバーまたはタオルでおおう．

④ 冷罨法を使用する目的にそって，利用者を観察する．

表 3 - 54　罨法の種類別による効果と適応・禁忌

	種　　類	効果と適応	禁忌と事故
温罨法	乾性：湯たんぽ，カイロ，電気あんか，電気毛布，熱気浴など 湿性：温湿布，ホットパック，温ハップ，部分浴など	効果 ① 知覚神経へ作用し，筋の緊張を取る． ② 局所の血管拡張により，血液，リンパ液の循環を促進させる． ③ 細胞の新陳代謝を促進させる． 適用 ① 疼痛の緩和 ② 腸管の蠕動促進 ③ 入眠促進 ④ リラクゼーション ⑤ 病床の保温 ⑥ 薬液の吸収促進	禁忌 ① 炎症を起こした場合 ② 出血傾向 ③ 疼痛による刺激症状 事故…低温熱傷 ・低温熱傷とは熱湯や火災加熱金属などの熱による皮膚障害であり，45℃以下の温度でも 1 時間以上，50℃では 3 分間，60℃では 1 分間触れているだけで，低温熱傷をおこす．
冷罨法	乾性：氷枕，氷嚢，頭部冷却キャップ，全身クーリングなど 湿性：冷湿布，冷パップ，部分浴など	効果 ① 血管を収縮させ，血液，リンパ液の循環を低下させる． ② 細菌の活動を抑制し，局所の炎症・化膿を防止する． ③ 損傷部の出血を抑制し，浸出液の分泌を減少させる． 適用 ① 鎮静・鎮痛効果 ② 皮膚温・体温の下降 ③ 抗炎症効果 ④ 入眠促進 ⑤ 気分爽快 ⑥ 化学療法時の脱毛予防 ⑦ 薬液の吸収促進	禁忌 ① 循環障害による血栓が疑われる場合 事故…凍傷 ・冷罨法の手段によって凍傷をひき起こすことも考えられるため，十分な注意が必要である．

出典）大津廣子ら編『Evidence 基礎看護技術Ⅱ』みらい，2003，p.115 より作成

2 環境の調整

　静かに過ごせる環境を提供する．直接冷風や温風が当たるところは避ける．体温上昇時の悪寒が伴う時には保温を要するが，体温上昇後は熱の放散を促すために，寒がらない程度に薄着にし，掛け物も多くならないように気をつける．

　伝染病疾患が疑われる場合は，診断が確定するまで隔離する．診断が確定された場合，その疾患に応じた対応をする．

2　誤嚥への対応

① 呼吸状態の観察

〈呼吸の異常〉

　いつもと違う呼吸状態を推測するために，呼吸の型・リズム・呼吸数・呼吸の深さなどの異常の有無を視点に呼吸状態の観察を行うことは大切である．また，息が苦しい時は，できるだけ楽な呼吸をとる．喘息の患者は寝ていると呼吸が苦しいので，起きた姿勢（起座呼吸）をとることが多い．

表 2 - 55　正常呼吸と異常呼吸

種　類		特　徴	主な疾患	パターン
正常		呼吸数12〜20/ 分		
数の異常	頻呼吸	呼吸数：25回以上 / 分	発熱・肺炎など	
	徐呼吸	呼吸数12回 / 分以下	頭蓋内圧亢進時・麻酔薬・睡眠薬の使用時など	
数と深さの異常	多呼吸	呼吸数増加＋呼吸の深さも深くなる	過換気症候群・肺血栓塞栓症など	
	少呼吸	呼吸数減少＋呼吸の深さも減少	死亡前	
	無呼吸	一定時間呼吸が停止した状態	睡眠時無呼吸	10秒以上
深さの異常	過呼吸	呼吸数多少増加＋呼吸の深さ増加	神経症・過換気症候群など	
	減呼吸	呼吸数多少減少＋呼吸の深さ減少	睡眠時，呼吸筋筋力低下，胸郭など可動性の障害	

出典）ユーキャン学び出版ナース実用手帳研究会編『U‐CAN のナース実用手帳　2012 年版』U‐CAN，2012，p.25 から一部改変

92

表2-56　呼吸リズム異常

クスマウル呼吸	ゆっくりとした深い規則的な呼吸	糖尿病性ケトアシドーシス	
チェーンストークス呼吸	無呼吸，過呼吸，減呼吸を繰り返す（一定時間無呼吸となり急に過呼吸となったあと，減呼吸となり，無呼吸へと戻る）	心不全・尿毒症・脳出血・脳腫瘍など	
ビオー呼吸	不規則に早く深い呼吸から無呼吸を繰り返す	脳腫瘍・脳外傷など	

出典）ユーキャン学び出版ナース実用手帳研究会編『U-CANのナース実用手帳　2012年版』U-CAN，2012，p.25から一部改変

表2-57　努力呼吸

鼻翼呼吸	気道を広げようとし鼻翼が張っている状態	呼吸不全
口すぼめ呼吸	呼気時に口笛を吹くような呼吸	COPD
陥没呼吸	吸気時に胸壁がへこんだ状態	COPD・気管支喘息など
下顎呼吸	吸気時に下顎を動かし呼吸をする状態	死亡直前

出典）ユーキャン学び出版ナース実用手帳研究会編『U-CANのナース実用手帳　2012年版』U-CAN，2012，p.25から一部改変

2　気道内異物除去法（ハイムリック法など）

〈気道異物による窒息〉

　認知症や精神・神経症状を有する高齢者では，乳幼児と同様に予想外のものを口にする場合もあるので，注意が必要である．脳出血や脳梗塞などの脳血管障害やパーキンソン症候群などの神経疾患の既往がある高齢者では，嚥下運動が障害され，飲み込みにくくなっていることがある．また咳反射が弱くなっていることもあり誤嚥や窒息を生じやすくなっている．

　誤嚥の症状は，食事中に激しいむせと咳が生じ，呼吸困難になる．顔面が紅潮し，時に紫色（チアノーゼ）になる．重篤な場合，咳も出ず声も出なくなり，手で首をつかむような形になったまま意識を失うこともある．急激に口唇や顔面が紫色になってくる．

　窒息の生じた際には，早急に気道内の異物を除去する必要がある．

　気道異物による窒息とは，たとえば食事中に食べ物が気道に詰まるなどで息ができなくなった状態である．いったん起こると死に至ることも少なくない．窒息による死亡を減らすために，まず大切なことは窒息を予防することである．飲み込む力が弱った高齢者などでは食べ物を細

かく刻んだり，むせる，せき込むような場合はとろみ食にするなど工夫する．食事中にむせたら，口の中の食べ物は吐き出すように伝える．万が一窒息してしまった場合は，以下の対応をする．

　もし窒息への対応が途中でわからなくなったら，119番通報をすると電話を通して通報者が行うべきことを指導してくれるので，落ち着いて指示に従うようにする．

③ 窒息の発見

　適切な対処の第一歩は，まず窒息に気がつくことである．苦しそう，顔色が悪い，声が出せない，息ができないなどがあれば窒息しているかもしれない．このような場合には"喉が詰まったの？"と尋ねる．声が出せず，うなずくようであればただちに気道異物への対処を行わなければならない．

　気道閉塞のために呼吸ができないことを周りに伝える方法として，親指と人差し指で喉をつかむ仕草があり，これを「窒息のサイン」と呼んでいる．

　なお，強い咳ができる場合にはまだ窒息には至っておらず，自然に異物が排出されることもあるが，大声で助けを求め，注意深く見守る．しかし，状態が悪化して咳が弱くなったり，咳ができなくなった場合には，窒息としての迅速な対応が必要である．

④ 119番通報と異物除去
（1）反応がある場合

　窒息と判断すれば，ただちに119番通報を誰かに依頼した後に，腹部突き上げや背部叩打を試みる．

　腹部突き上げと背部叩打は，その場の状況に応じてやりやすい方法を実施してかまわないが，ひとつの方法を数度繰り返しても効果がなければ，もうひとつの方法に切り替える．異物が取れるか反応がなくなるまで，2つの方法を数度ずつ繰り返して続ける．

　なお，明らかに妊娠していると思われる女性や高度な肥満者には腹部突き上げは行わない．背部叩打のみを行う．

　① 腹部突き上げ法

　救助者は傷病者の後ろにまわり，ウエスト付近に手を回す．一方の手で臍の位置を確認し，もう一方の手で握りこぶしを作って，親指側を傷病者の臍の上方でみぞおちより十分下方に当てる．臍を確認した手で握りこぶしを握り，すばやく手前上方に向かって圧迫するように突き上げる．

　腹部突き上げ法を実施した場合は，腹部の内臓をいためる可能性があるため，異物除去後は，救急隊にそのことを伝えるか，すみやかに医師の診察を受けさせることを忘れてはならない．

119番通報する前に異物が取れた場合でも，医師の診察は必要である.

　② 背部叩打法

　立位または坐位の傷病者では，傷病者の後方から手のひらの基部（手掌基部）で左右の肩甲骨の中間あたりを力強くたたく.

（2）反応がなくなった場合

　傷病者がぐったりして反応がなくなった場合は，心停止に対する心肺蘇生の手順を開始する. まだ通報していなければ119番通報を行い，AED が近くにあることがわかっていれば，AED を自分で取りに行ってから心肺蘇生を開始する.

　心肺蘇生を行っている途中で異物が見えた場合は，それを取り除く. 見えない場合には，やみくもに口の中に指を入れて探らない. また異物を探すために胸骨圧迫を長く中断しない.

5　意識レベルの観察

　意識障害は糖尿病やてんかんなど病気が原因となるもの，熱中症や脱水などによるものなどさまざまな原因により脳の血流が悪くなり，脳細胞に酸素やブドウ糖が少なくなり，脳細胞の機能が低下するために起こる.

　意識レベルを把握するために，2種類のスケールが活用されている. JCS（ジャパンコーマスケール）は日本だけで使われており，簡便でわかりやすいため広く普及しているがJCS Ⅲレベルで覚醒していない場合であっても手足が動いている状態など把握は難しい（簡便であるため）.

　GCS（グラスコーマスケール）は世界で使用されているが，日本ではあまり普及していない. 点数が低い方が意識が悪くなる評価方法で，意識がなくても体を動かせているなど細い評価ができる.

表 2 - 58　JCS（ジャパンコーマスケール）

Ⅰ	意識清明	覚醒している	0
	見当識は保たれているが意識清明ではない		1
	見当識障害がある		2
	自分の名前・生年月日が言えない		3
Ⅱ	普通の呼びかけで開眼する	刺激に応じて一時的に覚醒する	10
	大声で呼びかけたり，強く揺するなどで開眼する		20
	痛み刺激を加えつつ，呼びかけを続けると辛うじて開眼する		30
Ⅲ	痛みに対して払いのける動作をする	刺激しても覚醒しない	100
	痛み刺激で手足を動かしたり，顔をしかめたりする		200
	痛み刺激に対し全く反応しない		300

表 2 - 59　GCS（グラスコーマスケール）

E	自発的に，またはふつうの呼びかけで開眼	開眼機能（Eye opening）	4
	強く呼びかけると開眼		3
	痛み刺激で開眼		2
	痛み刺激でも開眼しない		1
V	見当識が保たれている	言語機能（Verbal response）	5
	会話は成立するが見当識が混乱		4
	発語はみられるが会話は成立しない		3
	意味のない発声		2
	発語みられず		1
M	命令に従って四肢を動かす	運動機能（Moter response）	6
	痛み刺激に対して手で払いのける		5
	指への痛み刺激に対して四肢を引っ込める		4
	痛み刺激に対して緩徐な屈曲運動		3
	痛み刺激に対して緩徐な伸展運動		2
	運動みられず		1

6 心肺蘇生

　救急蘇生法は，病気やけがにより容態が急変した人の命を守り救うために必要な知識と手技のことである．自分の大切な家族，友人，そして隣人が突然倒れたとき，その命を守り救うためには，そこに居合わせた人が速やかに応急手当てを行うことによりその命を守ることが可能になる．そのために救急蘇生法の手順や技術が不可欠である．

　病気やけがにより，突然に心停止，もしくはこれに近い状態になったときに，胸骨圧迫や人工呼吸を行うことを心肺蘇生（Cardio Pulmonary Resuscitation：CPR）という．傷病者を社会復帰に導くために大切な心肺蘇生，AED（Automated External Defibrillator：自動体外式除細動器）を用いた除細動，異物で窒息をきたした場合の気道異物除去の3つを合わせて一次救命処置（Basic Life Support：BLS）という．一次救命処置は AED や感染防護具などの簡便な器具以外には特殊な医療資材を必要とせず，特別な資格がなくても誰でも行うことができる．

　心停止以外の一般的な傷病に対して，その悪化を回避することを目的として市民により行われる最小限の諸手当を応急手当という．応急手当には出血に対する圧迫止血や回復体位などが含まれる．

表 2 - 60　一次救命処置

	主な行動	具体的行動	備　考
準備	1. 説明など	1）周囲の安全を確認する（危険物から遠ざける） 2）肩を軽くたたきながら大声で呼びかける 3）反応がなければ，利用者の傍から離れずに大声で周囲の職員に助けを求める 4）周囲の職員に救急通報（119番通報）とAEDの手配を依頼する	
	2. 心停止の判断	1）利用者に反応がなく，呼吸がないか死戦期呼吸が認められる場合は心停止と判断する 2）熟練していない介護職は心停止確認のために脈拍の触知を行わず，医療職に任す 3）脈拍の有無に自信のないときは，呼吸の確認に専念し呼吸がないと判断した場合には速やかに心肺蘇生を開始する 4）反応はないが普段どおりの呼吸をしており，嘔吐や吐血などがみられる場合，あるいは職員が1人であり，やむをえず利用者の傍を離れる場合には，利用者を横向きに寝た姿勢にする	心肺蘇生をする場所に危険がないかどうか判断する．大規模な災害時は，危険な場所で実施することにより二次災害の危険性を高める
実施	1. 心肺蘇生	1）胸骨圧迫から心肺蘇生を開始する 2）利用者を仰臥位に寝かせ，介護者は利用者の胸の横にひざまずく．ベッドマットではなく可能なら堅いものの上で心肺蘇生を行う（救急カートのマット使用） 3）胸骨圧迫部位は，胸骨の下半分．胸の真ん中を目安にする 4）成人においては少なくとも5cm以上，小児・幼児では胸郭前後径の1／3を圧迫により押す 5）1分間あたり少なくとも100回のテンポで胸骨圧迫を行う 6）毎回の胸骨圧迫の後で完全に胸壁が元の位置に戻るように圧迫を解除する．ただし，胸骨圧迫が浅くならないように注意する 7）複数の職員がいる場合は，職員が互いに監視し，胸骨圧迫の位置やテンポ，深さが適当か確認する 8）不慣れな職員は，脈拍を確認するために胸骨圧迫を中断するべきでない．明らかに自己心拍再開と判断できる反応が出現しない限り中断しない 9）職員が複数いる場合は，1〜2分ごとを目安に胸骨圧迫の役割を交代する 10）人工呼吸ができる場合は，胸骨圧迫と人工呼吸を30：2の比で行う．人工呼吸を実施する場合は気道確保も同時に行う 11）気道確保法は，頭部後屈あご先挙上法を用いる．訓練を受けた者は下顎挙上法を用いてもよい	有効な心拍出量があるように，心臓マッサージを行う．心臓マッサージ中に脈拍測定を大腿部や頸動脈で行うことで確認ができるため，複数で救護に当たる場合は実施するが，救護にあたる人員が少ない場合は心肺蘇生の実施を優先する 日頃からAEDを用いた訓練を行うことで，緊急時の対応もスムーズになる 救急車へ連絡する場合は，携帯電話でなく，固定電話で行う．施設や在宅の場所が分かりにくい場合は，玄関の外で誘導するとよい．

		12)すべての年齢において，1回の換気量の目安は，人工呼吸によって傷病者の胸の上がりを確認できる程度とする．成人の場合は約1秒，小児・幼児は年齢相応より加減する13）やむなく胸骨圧迫を中断するのは，人工呼吸を行うとき，脈拍を評価するとき，電気ショックを実施するときである．この場合でも胸骨圧迫の中断は最小にする 14)心肺蘇生は利用者に十分な循環が回復する，あるいは救急隊に引き継ぐまで続ける 15)訓練を受けていない職員は胸骨圧迫のみの心肺蘇生を行う．訓練を受けた救助者であっても，気道確保し人工呼吸をする意志または技術を持たない場合は，胸骨圧迫のみの心肺蘇生を実施する	また，利用者の医療に関わる情報を救急隊員へ伝えられるようにカルテなどを準備しておく．在宅の場合は，冷蔵庫に「救急医療情報キット」をあらかじめ設置しておく． ＊「救急医療情報キット」緊急時に必要となる医療情報や，緊急連絡先等をあらかじめ記入した用紙を冷蔵庫に保管しておく筒型の容器 ・キット本体を冷蔵庫の扉部分に入れて保管 ・ステッカー（マグネット）を，冷蔵庫扉の「外側」に貼る
実施	2．AED	1)心肺蘇生を開始し，AEDが到着したら，速やかに装着準備をする 2)前胸部と側胸部にパドルやパッドを装着する．容認できる他の位置としては，前胸部と背面，心尖部と背面である 3)AEDによるリズム解析が開始されたら傷病者に触れない．AEDの音声メッセージに従ってショックボタンを押し，電気ショックを行う．電気ショック後は脈の確認やリズム解析を行うことなく，すぐに胸骨圧迫を再開する	
1．後片づけを行う 2．手洗いをする 3．報告・記録をする			

出典）日本蘇生協議会：http://www.japanresuscitationcouncil.org/　アクセス日　2016/4/13
　　　心肺蘇生法 AHA ガイドライン 2015 改訂情報 http://bls.yokohama/guideline2015.html　アクセス日　2016/4/13 を参考に作成

3　転倒・転落への対応

[1] 転倒・転落に対するリスクマネジメント

　　転倒と転落は同じ fall という言葉で表現され，本人の意向に関わらず，身体の一部が床面や地面に着いた状態を指す．高齢者は骨粗鬆症を基礎疾患として持っていることが多く，転倒・転落事故が原因で骨折に至ることも多い．介護が必要な高齢者の場合は，よりリスクが高まるため，あらかじめリスクを把握し，予防的な関わりを行うことが重要となる．

〈転倒・転落のリスクファクター〉

☆心身機能・身体構造：脳神経系疾患

　　　　　　　　（パーキンソン病，脳梗塞，アルツハイマー型認知症など）

　　　　　　　　：心血管系疾患

　　　　　　　　（心不全，起立性低血圧，不整脈，狭心症など）

　　　　　　　　　　：筋骨格系

　　　　　　　　　　（膝関節症，関節炎，円背，脱臼，骨折など）

　　　　　　　　　　：目・耳および関連部位

　　　　　　　　　　（白内障，緑内障，視野狭窄，加齢性黄斑変性症など）

　　　　　　　　　　：消化管系疾患

　　　　　　　　　　（下痢，便秘　転倒・転落の事故の多くは排泄行為に関連）

☆活動と参加：運動・移動

　　　　　　　　（歩く姿勢や動作が不安定，歩行機能の低下，車椅子の走行など）

　　　　　　　　　：セルフケア

　　　　　　　　（日常生活の支援の必要性，排泄の自立度など）

☆環境因子：生産品と用具

　　　　　　　（睡眠薬，精神安定薬，抗不安剤，抗うつ剤，降圧利尿薬，強心剤など）

　　　　　　　：自然環境と人間がもたらした環境変化

　　　　　　　（滑りやすい床，室内外の段差，照明，手すりの設置など）

〈転倒・転落リスクをアセスメント〉

　療養生活では，転倒・転落に関するインシデントとアクシデントが最も多い．患者の疾患としては，脳血管疾患が最も多く，次いで認知症が多いことがさまざまな先行研究から明らかになっている．転倒・転落は医療・福祉専門職の視野の外で発生することも多く，事前に転倒・転落のリスクをアセスメントすることが重要となる．

　転倒・転落のリスクが高い患者としては，乳幼児・身体機能が低下（片麻痺などの脳血管障害）している者，認知症高齢者であるが，何らかの身体疾患を有する高齢者が多い．それぞれの療養生活の場によって，異なる特性がみられ，医療機関では，夜間排泄に関わる転倒・転落が多い．施設における調査は希薄であるが，排泄行動以外の転倒・転落も多く，時間帯も日中の活動時間に多い傾向がある．医療機関では，医療・福祉専門職が介入しない転倒・転落が多く，1人で歩ける患者の転倒が比較的多いため，事前に「転倒・転落アセスメント・スコアシート」などの活用が必要である（小木曽，2010）．

表 2-61　転倒・転落アセスメント・スコアシート

分類	合計点	特徴	上限スコア	/	/	/
A　年　齢	2	70歳以上は2点,	2点			
B　性　別	1	男性は1点	1点			
C　既往歴	2	転倒・転落をしたことがある	1点			
		失神したことがある	1点			
D　感　覚	1	視力障害がある，または聴力障害がある	1点			
E　機能障害	3	麻痺がある	1点			
		しびれ感がある	1点			
		骨や関節に異常がある（拘縮，変形）	1点			
F　活動領域	3	足の弱りなどで筋力の低下がある	1点			
		車椅子・杖・歩行器を使用している	1点			
		移動に介助が必要である	1点			
G　認識力	4	見当識障害，意識混濁，混乱がある	1点			
		認知症がある	1点			
		判断力，理解力の低下がある	1点			
		不穏行動がある	1点			
H　薬　剤	7	鎮痛剤の使用	1点			
		麻薬剤の使用	1点			
		睡眠安定剤の使用	1点			
		抗パーキンソン剤の使用	1点			
		降圧利尿剤の使用	1点			
		浣腸緩下剤の使用	1点			
		化学療法使用	1点			
I　排　泄	12	尿・便失禁がある	2点			
		頻尿がある	2点			
		トイレ介助が必要	2点			
		尿道カテーテル留置	2点			
		夜間トイレへ行く	2点			
		居室からトイレまで距離がある	2点			

危険度Ⅰ（0 〜 5 点）　転倒・転落を起こす可能性があるレベル

危険度Ⅱ（6 〜 15 点）転倒・転落を起こしやすいレベル

危険度Ⅲ（16点以上）転倒・転落をよく起こすレベル

（＊ 0 〜 35 までの点数配分）合計得点＿＿＿＿＿＿

出典）安藤邑惠ら編『ICF の視点に基づく高齢者ケアプロセス』学文社，2009，p.83

　上記の転倒・転落アセスメント・スコアシートは，医療機関や介護保険上の施設などで，転倒・転落のリスク管理として，入所（院）時とその後経時的に測定を行い，ハイリスク者に対して，予防的な介入を行う目的として使用されることが多い．

表 2 - 62　転倒アセスメント・スコアシート

●次の質問に対して，「はい」か「いいえ」のあてはまる方に○をつけてください.

	質問事項	回答欄	条件とリスク	
1	この 1 年間に転倒しましたか	はい・いいえ	はい	ならば①
2	横断歩道を青信号の間に渡りきることができますか	はい・いいえ	いいえ	ならば①
3	1 Km くらいを続けて歩くことができますか	はい・いいえ	いいえ	ならば①
4	片足で立ったまま靴下を履くことができますか	はい・いいえ	いいえ	ならば②
5	水で濡れたタオルや雑巾をきつく絞ることができますか	はい・いいえ	いいえ	ならば③
6	この 1 年間に入院したことがありますか	はい・いいえ	はい	ならば④
7	立ちくらみをすることがありますか	はい・いいえ	はい	ならば④
8	いままでに脳卒中をおこしたことがありますか	はい・いいえ	はい	ならば④
9	いままでに糖尿病といわれたことがありますか	はい・いいえ	はい	ならば④
10	睡眠薬，降圧剤，精神安定剤を服用していますか	はい・いいえ	はい	ならば⑤
11	日常，サンダルやスリッパをよく使いますか	はい・いいえ	はい	ならば⑥
12	目は普通に（新聞や人の顔など）よく見えますか	はい・いいえ	いいえ	ならば⑦
13	耳は普通に（会話など）よく聞こえますか	はい・いいえ	いいえ	ならば⑦
14	家の中でよくつまづいたり，滑ったりしますか	はい・いいえ	はい	ならば⑥
15	転倒に対する不安は大きいですか？あるいは転倒がこわくて外出を控えることがありますか	はい・いいえ	はい	ならば⑧

リスク表	
① 歩行能力の低下	⑤ 服薬による転倒リスク
② バランス能力の低下	⑥ 転倒の外的要因
③ 筋力の低下	⑦ 視聴力の低下
④ 疾患による転倒リスク	⑧ 転倒に対する不安とそれによる ADL の制限

出典）ヘルスケアアセスメント検討委員会監修『ヘルスアセスメントマニュアル　生活習慣病，要介護状態予防のために』厚生科学研究会，2002, p.208

　上記のアセスメント・スコアシートは，在宅で過ごす高齢者に使用されることが多い.

　また，転倒・転落の予防的な観点としては，できるだけ筋力や筋の持続力を低下させない取り組みも重要となり，日常生活上のリハビリテーションなどを実施することが望ましい. 行ったリハビリテーションの効果を測定することも重要となり，以下のアセスメントツールが活用できる.

表 2-63　筋肉判定の評価（MMT）と表示法

5	N	（正常）	強い抵抗を加えても完全に動く
4	G	（優）	いくらか抵抗を加えても，なお完全に動く
3	F	（良）	重力に抗してなら完全に動く
2	P	（可）	重力を除けば完全に動く
1	T	（不可）	関節は動かず，筋の収縮のみ認められる
0	O	（ゼロ）	筋の収縮もまったくみられない

出典）小澤利男ら編『高齢者の生活機能評価ガイド』医歯薬出版，2006，p.257 より作成

表 2-64　バランス評価シート

バランス動作	スコア	所見
椅子からの立ち上がり	2	立ち上がれない
	1	腕の力を使って立ち上がれる
	0	腕の力を使わず立ち上がれる
直立支持のバランス	2	不安定
	1	支えがあると安定する
	0	支えなしでも安定する
軽く押されての直立支持（開眼）	2	不安定
	1	支えがあると安定する
	0	支えなしでも安定する
軽く押されての直立支持（閉眼）	2	不安定
	1	支えがあると安定する
	0	支えなしでも安定する
1 回転（360℃）した後の直立支持	2	不安定
	1	支えがあると安定する
	0	支えなしでも安定する

・7 ～ 10 点：高リスク
・3 ～ 6 点：中リスク
・0 ～ 2 点：低リスク

合計得点　　　　　　　　

出典）照林社編『最新・転倒・抑制防止ケア』照林社，2003，p.20 より作成

表 2-65　歩行評価シート

観察事項	スコア	所見
歩き始め（歩行開始時）	1	ためらう（ぎこちない）
	0	スムーズ
20 歩歩行し，元の場所に戻る	1	安定しない，左右非対称，間欠的，直線でない歩行軌跡
	0	安定している，左右対称，連続的，直線の歩行軌跡

2 点：高リスク　　　1 点：中リスク　　　0 点：低リスク　　　合計得点　　　　　　　　

出典）照林社編『最新・転倒・抑制防止ケア』照林社，p.20，2003，より作成

〈転倒後症候群〉

　転倒・転落の経験に対して，強い不安感が生じてしまい，活動に対して消極的になることもある．また，家族も再転倒を心配することにより，介助をしすぎることもあるため，安全な歩行姿勢や方法，環境整備などを行い，できるだけ自立を促すことが必要となる．

2 高齢者に多い骨折

　交通事故などの大きな外力によって骨折が生じるだけでなく，骨自体の強さやしなやかさが失われていると少しの外力によって骨折が生じる．高齢者では，骨粗鬆症を基礎疾患として持っていることが多く，転倒・転落により容易に骨折に至ることはよく知られている．ここでは，高齢者に多い骨折に着目をする．

（1）大腿骨頸部骨折

　大腿骨の内側の骨折を大腿骨頸部骨折といい，外側の骨折を大腿骨転子部骨折という．大腿骨頸部骨折の方が多い．その多くは，転倒・転落事故によって生じる．

☆症状：受傷後は，すぐに立つことができず，下肢の短縮がみられる．骨折部は内反股変形を呈し，患肢は軽度屈曲し外旋する．患部の腫脹は軽度．

☆治療：大腿骨頸部骨折は，関節包内の骨折であるため，整復が難しく，骨頭への血行障害も生じやすい．内科的治療では，偽関節となる頻度が高く，また，血行障害により，大腿骨壊死を生じることもある．そのため，人工骨頭置換術が実施されることが多い．

☆ケア：早期に患肢にも荷重をかけ，リハビリテーションを行うことが必要であり，適切なリハビリテーションが実施されなければ，骨折部位の完治ができても，寝たきりに至ってしまうこともある．脱臼予防のため，内転・内旋を避ける．

（2）胸・腰椎骨折

　12の胸椎あるいは5つの腰椎に生じる骨折である．第11・12胸椎，第1腰椎は，圧迫骨折が多い（椎体圧迫骨折）．高齢者では骨粗鬆症が基礎疾患となり，いくつもの椎体圧迫骨折を合併し，円背となり，腰が曲がる症状を呈することもある．

☆症状：外力などで骨折に至る場合は，腰痛が強く出現するが，骨粗鬆症の進行に伴い，圧迫骨折が徐々に進行してしまう場合もある．本人が気がつかない状況で骨折に至る．腰が曲がり，身長も縮むことにより，発見されることも多い．重い物を持ち上げたり，背伸びをするなど，日常生活の何気ない動作によって，極めて軽微な骨折が繰り返されていく．円背になると，胸部や腹部が圧迫されるため，予防が必要である．

☆治療：受傷の程度により，体幹ギブスやコルセットを着用し，保存的に治療を行う．

☆ケア：再発予防のために，骨粗鬆症の改善が必要である．運動や栄養改善（カルシウム・タンパク質・ビタミンDなど）を行う．

3 骨折の可能性を考慮した対応

（1）認知症と転倒・転落

　介護保険施設の利用者の多くは認知症や認知力の低下があり，自分自身で危険予知や回避が困難となる．歩行状態が不安定で介助が必要な場合でも，介助が必要であるという認識を保つ

ことができない.

　限られた職員でケアを行うため，24時間見守りを行うことは難しいが，できるだけ転倒・転落のリスクを低減させることが必要である.

☆離床センサー：転倒・転落の事故の多くは，職員の視野の外で生じる. 常に見守りができる環境をつくることは難しいため，離床センサーを活用し，利用者の動きたいという意向をすばやく察知し，見守りや援助を実施することが重要となる. 離床センサーはさまざまなタイプがあり，衣服の襟などに挟み使用するクリップ式のセンサーやマット式や遠赤外線のセンサーなどがあるため，状況に応じて使用する.

☆衝撃吸収マット：転倒・転落のリスクをあらかじめ把握し，リスクが高い場合に用いる. 日常生活のうえで行動が活発な場合は，就寝している状況から，すぐに起き上がろうとする動作が速く，職員がベッドサイドにたどり着く前に転倒・転落に至る可能性がある. 介護保険上ではベッドを柵で囲むことは身体拘束として禁止されており，活動性が高い場合は，ベッド柵を越えて，降りようとするため，より危険となる. このような場合は，ベッドの高さを低くすることと合せて，ベッドの片方は壁につけ，もう片方の床面には衝撃吸収マットを敷くなど，転倒・転落に至っても，骨折を回避できるよう工夫が必要になる.

☆ヒッププロテクター：転倒・転落の際に，大転子部への衝撃を吸収拡散することで，大腿骨の骨折を回避するためのプロテクターである. 下着タイプのものと，衣類の上から装着する2つのタイプがある. 認知症では，ヒッププロテクターの必要性が理解できず，自分で外してしまうこともある.

（2）住宅環境と転倒・転落

　視力障害や運動障害などがある場合は，転倒・転落予防の観点から環境を整える必要がある.

☆照　明：明暗の差が大きいと，羞明が起り易いため，明るすぎるのもよくない. また，夜間では，足元を照らすフットライトや常夜灯などを設置し，足元が見えやすいように整備する.

☆床　面：段差をできるだけなくす. 絨毯などは避け，足が運びやすい床材を選択する. 水滴やゴミなどを踏んでしまい，それが転倒・転落に繋がることもあるため，安全な状態を常に保つようにする.

☆手すり：横手すりは，移動しながら用いるため，やや太めのものとし，縦手すりは体を支えたり，立ち上がりの動作に用いるため，しっかりと握れる太さにする. 横手すり

の望ましい高さは，その利用者の大転子部の高さである．視覚機能が低下していることも多いため，手すりは壁と違う色とすることが望ましい．

☆ベッド：利用者が端座位になったときに，両足がぴったりと床に着く高さとする．また，必要に応じて介助バーを設置する．

☆車椅子：車椅子から転落する事故もあるため，車椅子の正しい姿勢が保たれているように気をつける．座面の滑り止めシートなどを活用すると姿勢の保持がしやすい．不適切な姿勢は易疲労を招き，頸部が後ろに傾いたまま，食事を摂取すると誤嚥を起こしやすいなど，転倒・転落以外のリスクも高まる．車椅子だけでなく，食堂などで椅子に座る場合も同様に見守りが必要である．座位時間が長くなりすぎないように，生活全体を考え，適度に臥床で休息できるよう配慮する．姿勢の保持が難しい場合は，モジューラー式車椅子などを用いるようにする．

☆歩行補
　助用具：杖や歩行器などは利用者に合ったものを選択する．杖の先端のゴムチップは消耗が速いので，定期的に点検を行うことが必要である．

（3）人的環境を整える

　職員は，利用者にとって人的環境である．そのため，利用者との関わりの中で，常に安全を考えながらケアを行うことが求められる．

☆見守りを中断：ちょっと目を離したら，一人で便座から立ち上がって転倒してしまったとい
　しない　　　うことは少なくない．人手が充足しておらず，ケアの最中に，他の利用者から呼ばれることもあるが，ひとつのケアの最中は，他のケアを割り込ませないことが原則である．今は，PHS を職員全員が持ち，他の職員の手を借りたいときに，寸時に連絡がとれるようにしている施設も多い．

☆全介助は複数で：転倒場所は，病室のベッドサイドで多いことも明らかになっている．利用者が職員の視野の外で転倒・転落に至るだけでなく，職員が関わっている場面での転倒・転落もある．リフティングを行わないためにも，全介助の場合は，複数の職員で移乗を行うことが必要である．

☆　気 づ く 力：転倒・転落アセスメント・スコアシートなどを用い，あらかじめリスクを把握しても，その日の健康状態や気分の変化（興奮しているなど）によっても，リスクは異なる．そのため，いつもと違う様子に気づくことも重要となる．

（4）転倒・転落の場に居合わせたら？！

　様子をみていてもいいのか，骨折の可能性があるのか，を見極めて対応をすることが必要である．傷や出血がある場合は，その手当をし受傷部位ができるだけ動かないように固定を行う．骨折の疑いがある場合は，車椅子でなくストレッチャーで移送する．

　医療職に連絡し，骨折の可能性があればすぐに医療機関に！

表2-66　骨折を疑うとき

受傷部位が不自然に変形している
激しい痛みを訴える
痛がる部位が腫れている
骨が突き出て，急に手足を動かすことができない
ほかの人が動かすと痛がる

出典）美濃良夫ら編『高齢者介護急変時対応マニュアル』講談社，2009，p.48 より引用

4　エンド・オブ・ライフケア

　人は生を受けて，生まれ，死に向かって歩んでいるが，高齢者では，それがより身近になる．高齢者であっても悪性新生物などによる疾病がもたらす死と，加齢がもたらす老衰による死があり，そのいずれかによってもケアが異なる．ここでは，老いの延長線上にある後者のエンド・オブ・ライフケアについて述べる．

① 高齢者の発達段階（エリクソンによる）

　高齢期の発達課題は「統合性」である．今までの人生を振り返り，これで良かったと感じ，自分の人生を肯定的に捉えることができれば，「統合性」となる．一方，後悔ややり残したことが多く，自分の人生を考えるともう時間がなく，どうしようもないと捉えることもあり「絶望」に陥ることもある．高齢者であっても，死へのプロセスは，利用者本人や家族の今まで生きてきた生活背景，個々の価値観，死生観，宗教観などさまざまな因子が絡み合って形成される．そのため，高齢者だからといってすべての人が死を受容しやすいということではない．

② 終末期の患者の心理

　精神科医のエリザベス・キューブラー・ロス氏は，死にゆく患者の心理を研究した「死ぬ瞬間」を発表し，その心理を5段階に分けている．老衰による死は，身体機能の低下がゆっくりであり，ターミナルであることを本人自身に知らさないこともあるが，徐々に活動性が低くなり，死が近いことを感じるようになる．死の受容プロセスは，さまざまではあるが，ここでは，一般的なプロセスを紹介する．

　① 第1段階：否認

　日々変化する自分自身の身体が認識でき，今までであったらできていたことが，心身機能の低下により，できなくなる．身体の調子も思わしくないが，「そんなはずはない」「今まで大丈夫だったんだから」と今の身体機能の低下を受け入れることができず，自分が死ぬことに対して強い否定感情を抱く時期である．

② 第2段階：怒り

心身機能の低下は治療やリハビリテーションによって改善することではないことを悟り，同年齢や年上の人と比べ，なぜ自分だけがこんな目にあうのかを怒る．怒りが表面化し，ここの施設が悪いから，こんなまずい食事を食べられるかなど何事に対しても不平不満を表現する．この怒りは患者の身近である家族や介護職などに向けられることが多い．

③ 第3段階：取引

できるだけ，生きていたいと思い，なんとか自分の命が助かるように神や仏などに交渉を行う時期であり，何かにすがろうとする心情を持つ．

④ 第4段階：抑うつ

心身機能の低下により，自分の意向に沿って動くこともままならなくなり，死が避けがたいものであることを受け止めることになる．自分には残された時間がないという喪失感から，何もやる気が起こらず抑うつ状態に至ってしまう．

⑤ 第5段階：受容

死に向かって歩んでいる自分の運命を受け入れることができ，死を受容する．この時期は身体機能の低下がいちじるしく，循環状態の悪化により，意識レベルも低下し，まどろむことが多くなる．

③ 家族への死の教育

ターミナル期を住み慣れた自宅や施設で過ごしたいと願う人も多くなっており，そのための法整備もされつつある．訪問看護ステーションにおける緊急時訪問看護加算やターミナル加算や介護保険上の施設では看取り介護加算などの活用もできるようになった．医療機関においては，緩和ケアがある一方，入院期間の短縮化などもあり，看取りの場もその状況に応じた選択をすることが重要になってくる．また，利用者の家族がその死のプロセスを理解するためには，家族への死の教育を行う必要がある．高齢者の終末期にみられる身体徴候を下記の表に示す．

表2-67　高齢者の終末期にみられるおもな身体徴候

亡くなる6～数か月前	亡くなる1～2か月前	亡くなる1～2週間前	亡くなる1～2日前
歩けなくなる 体重減少 失禁	寝つく 嚥下困難 食事摂取量の低下 発熱を繰り返す 日中の睡眠時間の増加	ほとんど食べない 傾眠傾向 尿量の減少 血圧の低下	呼吸困難・呼吸の異常（下顎呼吸*・チェーン-ストークス呼吸*） 低体温 脈の弱まり 死前喘鳴* 意識レベルの低下・昏睡 無尿*

出典）北川公子ら編『老年看護』医学書院，2012，p.303から作成

下顎呼吸：意識レベルが低下し，下顎を大きく揺さぶりながら呼吸を行う

チェーン－ストークス呼吸：無呼吸，浅い呼吸，深い呼吸を繰り返す．

死前喘鳴：下咽頭に貯留した分泌物により「ぜいぜい」という大きな音が呼吸に伴う

無尿：1日の尿量が400ml未満になる（オムツが濡れなくなると危険なサイン）

　看取りを在宅で行うためには，利用者本人と家族が終末期に変化する身体的特徴を踏まえ，死へのプロセスを充分理解することが必要となる．「死への教育」は，家族自身が良いケアを行ったという充実感を生み出し，グリーフケアにも役立つ．在宅療養における「死への教育」を下記に示す．

表2-68　在宅療養における死への教育

第1段階：開始期の死の教育
● 教育目標：在宅で過ごすことの意味を説明し，理解を求める
● 内容：① 病院での医療と在宅での医療（ケア）の違いについて，説明する 　　　　② 今，必要な医療・在宅での可能な処置についての説明をする
● 自習用テキスト：ビデオ（＝在宅ホスピスケアなど）・ドキュメンタリー・書籍の活用
第2段階：安定期の死の教育
● 教育目標：死の受容（死を見つめつつ，希望をもって今を生きること）ができるように支援する
● 対象：患者・全家族
● 内容：① 病状，病気の進行の正確で詳細な説明 　　　　② 死亡予測時期の説明（ケースによって省略） 　　　　③ 必要な処置，可能な処置に関する説明 　　　　④ 家族には，特に看取りの教育 　　　　⑤ 同じような患者や参考となる本の紹介
第3段階：臨死期の死の教育
● 教育目標：納得のいく死の看取りの実現．家族だけで，心安らかに看取れるようにする
● 対象：全家族
● 内容：① 死への看取りの心得 　　　　② 死へのプロセスの説明 　　　　③ 死亡の確認，死後の処置の説明 　　　　④ 家族には，特に看取りの教育
＜死の最終的な受け入れのための支援＞
☆死が現実に迫っていることを教える
① 御遺影，着せる服の準備などの勧め
② 死亡確認方法などの説明
☆予測される「家族のトラウマ」を軽減する
① 知らない間に冷たくなっている場合の備え－患者の傍にいた家族のために－
② 死に目にあえないかもしれない家族のために
＜説明のポイント＞
☆身体的変化
① 循環器系の変化：脈拍微弱，血圧の低下，手足の冷感，末梢からチアノーゼの出現
① 呼吸器系の変化：下顎呼吸，チェーンストークス呼吸，長い無呼吸，呼吸停止
③ 意識レベルの変化：昏睡状態となり，呼びかけても反応がないが，意識は最期まである．
☆非典型的なプロセス
① 疾病の種類：肝不全など（肝硬変の末期）
② 突発的なできごとによる急死：突然の大出血，電解質異常，不整脈死など
＜死の看取りの心得＞
☆心得1：意識・聴覚は最期まで残っている．だから・・・・
① 不安を与えるような言動は控える

② 　できるだけ誰か（配偶者がベスト）が傍らにいる
☆心得 2：もう苦しまれることはない．だから・・・
① 　そっとその様子を見守る
② 　もし苦しむことがあれば，御小水を見る
③ 　最期まで鎮痛剤（モルヒネなど）の投与は中止しない（医療・福祉専門職側の心得）
☆心得 3：もう十分がんばった．だから・・・
① 　「がんばれ」の掛け声はいらない
② 　むしろ「もういいんだよ」という言葉を
☆心得 4：残された貴重なときを共に過ごす．だから・・・
① 　最期を家族だけで見守る
② 　楽しい思い出話を皆で作り上げる
＜死亡の確認・死後の処置の説明＞
☆さまざまな「死の診断法」
① 　心臓死を確認する立場（医師や一定の条件下で訪問看護）
② 　死の三兆候を確認する立場（医師や一定の条件下で訪問看護）
③ 　家族の確認（最期の呼吸）を追認する立場
☆呼吸停止時に行うこと
① 　医療専門職への連絡
② 　医療専門職へ「希望の訪問時間」を伝えること
☆医療専門職はすぐに行く必要はない場合
① 　医師の行うこと・・・死亡診断書の発行
② 　訪問看護師の行うこと・・・御遺体のケア

第 4 段階：死別期の死の教育

●教育目標：ケアを通して，遺族が悲観を克服すること
●対象：家族（遺族）
●内容：① 　死に先駆けて（臨死期）の，心の整理
　　　　② 　死亡後に必ず訪問・往診
　　　　③ 　経過の最終的説明（必要時は剖検など）
　　　　④ 　非嘆は遺族が等しく経験すること，そのおおまかな経過を伝える
　　　　⑤ 　死亡期における遺族との語らい，連絡

出典）小木曽加奈子『医療職と福祉職のためのリスクマネジメント』学文社，2010，p.192 - 193

4 エンゼルケア

　死が訪れることにより，どのような苦しみや苦痛があるのかはさまざまではあるが，死に行く人との別れをできるだけ，悔いが残らないように送るためのケアのひとつにエンゼルケアがある．

表 2 - 69　エンゼルケア

	主な行動	具体的行動	備　考
準備	1. 説明など	1) 家族に目的や方法を説明し，同意と協力を得る 2) 家族にお悔みを言い，これまでの本人の頑張りや家族の介護を慰労する 3) 家族に体を拭き，死後の処置を行うことを説明し，家族に清拭を一緒に行うことを促す 4) 利用者が身につけている時計など貴金属を外し家族へ渡す	介護が必要な高齢者の多くは，緩やかに最期の時を迎えることが多いため，あらかじめ，利用者本人と家族の意向を聞きながら，どのような最期としたいのか情報を得ておく．最期の衣服についても，「好

	2. 必要物品を準備	5）体内の排泄物の除去を行う時は，家族は室外に出ていただく 6）カーテンやスクリーンなどでプライバシーの確保 1）液体石鹸で手を洗いペーパータオルで丁寧に水分をふき取る（速乾性擦式手指消毒剤を使用も可） 2）着物（家族が用意したものあるいは新しい浴衣など），脱脂綿，青梅綿，膿盆，割箸，ガーゼ，包帯，ヘアブラシ，化粧道具，白布，シーツまたはタオルケット，便器，紙オムツ，パット，手袋，お湯，清拭用タオル（2-3枚），処置用ガウン	きだった和服を着せたい」などの希望をできる範囲でかなえられるようにする．施設での看取りの場合，自宅が近い場合は，すぐに持参してもらうことも可能であるが，遠方の場合はあらかじめ，持参しておいてもらうという方法もある．
実施	**1. 排泄物の処理**	1）ガウンと手袋をつける 2）利用者に対し，これから体内の排泄物の除去を行うことを話しかける． 3）食事を食べることができた利用者の場合は，右側臥位（胃の内容物が出しやすい）にして，心窩部（みぞおち）を下から上に持ち上げるように圧迫し，口腔内や胃内容物を膿盆に排出する 4）下着を取り除き，紙オムツを装着した状態で腹部マッサージを行いながら，大腸に残存している便を排出する．膀胱内の尿は，膀胱から恥骨に向かって圧迫を加え，尿を排出する．便の量が多いことが想定できる場合は，便器を用いると良い 5）血液や汚物が出ないように，鼻腔，口腔，外耳道，膣，肛門へ割箸を用いて綿花を入れる．脱脂綿→青梅綿の順に入れる．外見を美しく保ち，綿花は見えないように入れる 6）義歯は装着し，口腔内の綿花を調節して，顔面は生前の姿に近くなるように，整える	できるだけ，その人らしくなるように化粧を行う．普段使用していた化粧品を用いるとよいが，ない場合は，施設や事業所で常備してある化粧品を用いる．
	2. 清拭と衣服の交換	1）家族に入室してもらい，清拭を始める 2）寝衣の袖を外し，顔，腕，胸部，腹部，下肢と清拭をする．その後，側臥位にして，背部，臀部，陰部を拭き，新しい紙パンツとパットを敷き，着物を着せる 3）着物の合わせは左前とし，紐は縦結びとする 4）清拭と更衣が終了したら，宗教に配慮しながら形を整えながら，手を組む．必要に応じて硬直するまで，包帯で形を整える（筋肉量が少ない場合は硬直は弱い） 5）ヘアブラシで髪を整え，爪が伸びていたら切る 6）生前に近い状態になるように化粧を行う 7）口が閉じない時は，下顎を包帯などで持ち上げ頭部を固定する 8）顔面に白布をかけ，シーツまたはタオルケットを顔面が隠れるように全身にかける 9）利用者と家族に黙礼・合掌を行う 10）家族に終了を伝える	着物の場合は，縦結びとする 宗教上の配慮が必要な場合もあるため，手の組み方など，家族に確認をしながら行う 利用者と関わった職員は最期のお別れをするために訪室する 処置が終了した後は，利用者と家族だけで過ごすことができる時間を設ける

1. 後片づけを行う
2. 手洗いをする
3. 報告・記録をする

☞　エンゼルケアを始める前に家族が高齢者と最後のお別れをする時間を設けよう！

☞　家族が少しでもエンゼルケアに参加できるよう声をかけよう！

☞　エンゼルケアは複数の職員で行おう！できれば，医療職も一緒に行う！

☞　清拭はできるだけ，利用者に関わった多くの職員で行おう！

5　緊急時の対応のチェックリスト（知識・技術）

1　あなたの「**緊急時のケア**」の知識について，あてはまる箇所に 1 つだけ○をつけて下さい．

	知識が全くない	知識があまりない	知識がある	知識が充分ある
1）転倒のリスクの判断に転倒・転落アセスメントスコアシートなどを用いることが分かる	1	2	3	4
2）救急蘇生法が分かる	1	2	3	4
3）AED の使用方法が分かる	1	2	3	4
4）インフルエンザ（の特徴）が分かる	1	2	3	4
5）ノロウイルス（の特徴）が分かる	1	2	3	4
6）疥癬（の特徴）が分かる	1	2	3	4
7）低血糖の症状が分かる	1	2	3	4

2　あなたの「**緊急時のケア**」の技術について，あてはまる箇所に 1 つだけ○をつけて下さい．

	実践が全くできない	実践があまりできない	実践できる	実践で充分できる
1）転倒・転落アセスメントスコアシートなどを用いて転倒のリスクの回避方法が実施できる	1	2	3	4
2）救急蘇生法を実践できる	1	2	3	4
3）AED の装着・実践ができる	1	2	3	4
4）感染を伝播させないようにインフルエンザへの対応ができる	1	2	3	4
5）感染を伝播させないようにノロウイルスへの対応ができる	1	2	3	4
6）感染を伝播させないように疥癬への対応ができる	1	2	3	4
7）意識がある低血糖では角砂糖などを摂取させることができる	1	2	3	4

参考文献

安藤邑惠ら編『ICF の視点に基づく高齢者ケアプロセス』学文社，2009.

ヘルスケアアセスメント検討委員会監修『ヘルスアセスメントマニュアル生活習慣病，要介護
　状態予防のために』厚生科学研究会，2002.

堀内ふきら編『ナーシンググラフィカ27，老年看護学2老年看護の実践』メディカ出版，2005.

石黒彩子ら編『発達段階からみた小児看護過程＋病態関連図』医学書院，2008.

北川公子ら編『老年看護』医学書院，2012.

黒田留美子『高齢者ソフト食』厚生科学研究所，2001.

美濃良夫ら編『高齢者介護急変時対応マニュアル』講談社，2009.

向井直人編『Nursing Canvas』1（1），学研メディカル秀潤社，2013.

日本肥満学会「肥満の診断基準2011」http://www.jasso.or.jp/（2015年12月08日アクセス）

日本高血圧学会「2014年度版」http://www.jpnsh.jp（2015年12月08日アクセス）

日本介護食品協議会 http://www.udf.jp/about/table.htm（2015年12月08日アクセス）

日本静脈経腸栄養学会『コメディカルのための静脈・経腸栄養ガイドライン』南江堂，2000.

日本蘇生協議会：http://www.japanresuscitationcouncil.org/

小木曽加奈子『医療職と福祉職のためのリスクマネジメント』学文社，2010.

小木曽加奈子監修『看護師国試必修問題攻略ブック』成美堂出版，2012.

小木曽加奈子『ナース手帳2013』主婦の友社，2013.

大津廣子ら編『Evidence 基礎看護技術Ⅱ』みらい，2003.

小澤利男ら編『高齢者の生活機能評価ガイド』医歯薬出版株式会社，2006.

心肺蘇生法「AHA ガイドライン2015改訂情報」http://bls.yokohama/guideline2015.html
（2016年4月13日アクセス）

照林社編『最新・転倒・抑制防止ケア』照林社，2003.

U-CAN ナース実用手帳『ユーキャン学び出版』2012.

山内有信『運動・栄養・健康』三恵社，2009.

第3章　介護を学ぶ学生のためのポートフォリオ

第1節　学年におけるポートフォリオの実際

1　第1学年における実際

① ポートフォリオの必要性

　介護福祉士の仕事は，日々利用者と向き合い，利用者との関わりのなかで実施される．介護の仕事は，ひとつの答えをもって説明できるものではなく，その時々の場面によって異なり，実践の学びを蓄積していくことによって答えが得られるという特殊性を持っている．そのため，専門性の高い介護を実践するためには，常に自己の行動や考えをリフレクションし，客観的に自己を評価することが必要不可欠となる．自己を客観的に評価する方法のひとつとしてポートフォリオがある．リフレクションにポートフォリオを取り入れ，日々の学びのなかでの気づきを率直に記し，それをファイリングして活用することは大変重要である．

　ポートフォリオが自己教育力を高め，自己の学びを可視化でき，思考の連続に役立つ方法であることは，総合教育や医学教育・看護教育の場面でも多くの報告がなされている．山川（2003）は，ポートフォリオについて3つの機能，「第一に自己の成長を査定し省察する機能，第二に学習プログラムのなかでいかに進歩したかを査定することを促す機能，そしてそれを他者に開陳あるいは共有するならば，第三に外的リソースに対しての自己表現を促す機能」を持つ生涯学習の自分史と述べている山川（2003）．また，鈴木（2006）は，「ポートフォリオ評価の考え方は「結果」ではなく「プロセス」からプラスを発見するということを特徴としている」と述べている．介護に関わる演習や実習などではリフレクションが位置づけられているが，ルーチンワークとして実施されている傾向があり，学生は受動的であることが多い．そのため，従来の枠組みでは，自分自身と向き合い，自分をみつめる機会がなかったようにも見受けられる．意図的にリフレクションを行うためには，自己の成長の軌跡を客観的に辿ることができるポートフォリオの活用が求められる．

2 ポートフォリオの理解

　ポートフォリオとは情報のファイルのことをいう．　学生が学習したこと，体験したこと，考えたこと，感じたこと，あるいは心に残っている場面やメッセージなど，さまざまな情報をそのファイルに入れる．しかし，ポートフォリオとは単に情報を入れていくだけのものではなく，3ヵ月，6ヵ月，1年と期間を決めて，ファイルに保管してある情報を取り出して並べ，振り返る．

　情報の入ったファイルには，たくさんの出来事や思いが詰め込まれている．肝心なことは，そのすべての情報を取り出して並べ，内省し，言語化することではない．そのなかから，各自のテーマに沿って，あるいは各自が気になっていること・強く印象に残っていることなどを拾い出すのである．

　学生が自分で決めたテーマを中心に，一つひとつのファイルのなかから拾い上げ，「なぜそう感じたのか」を内省する．つまり，具体的な体験の根拠を探り，自己学習をするのである．自分が取り出したものを「点」とし，点と点を結んで線にしていく．さらに，次の課題の点に繋げていく．これが，ポートフォリオの過程である．

　テーマになり得るものは，「求められる介護福祉士像12項目」「介護福祉士資格取得時の到達目標11項目」「人間の尊厳」「コミュニケーション技術」「食事介助技術」「介護観」「人生観」，「自分自身のこと」などあらゆるものが対象となる．

3 第1学年におけるポートフォリオ

　① 課題の発見

　第1学年におけるポートフォリオの実際は，「テーマを決めること」から始まる．はじめからテーマがすぐに決まる場合もあるが，なかなか決まらない場合もある．頭に浮かんでくるものを思いつくまま書いていくとよい．そのなかから，テーマを絞り込んでいくことができる．学生はテーマを模索することで，「気づく力」や「考える力」が育っていく．テーマは，百人百様である．

　② 課題の解決

　次に，学生は自分で決めたテーマを解決するために計画を立てる．「何をどのようにしたいのか」のゴールを決める．そのゴールに向かって具体的な行動計画を策定していく．行動計画を立てるためには，できるかぎり多くの情報を集めなくてはならない．集めた情報からどのようにすることが効果的かを分析する．この段階を学生が自分ひとりで実施するのは難しい場合もある．教員や先輩，仲間の力を借りることも重要である．教育機関や現場では，プリセプター制度やチューター制度をとっているところもあるので活用するとよい．

③ 課題の見える化

　自分の考えや気づきを言語化すること，客観的に見て可視化することによって，曖昧なままになっていたものが「見える課題」となる．さらに，中間報告会では，各自が自分の目標の進捗状況などをプレゼンテーションすることは効果的である．プレゼンテーションは，自分の意見を他者に明確に話すことで，自分自身への確認となる．グループワークでは，他者の意見や気づきに耳を傾け，自分との意見の違いはどこにあるのか，またなぜ生じたのかを考えていく．また意見交換することで，自分のこれからの方向性に示唆を得ることができる．最終反省会では，「自分評価」をする．まずは，他者に報告する準備をする，経験を通した得た課題や自分の評価，次の課題を明示する．

　第1学年におけるポートフォリオの実際は，何となく通り過ぎてしまいがちな生活を，立ち止まり，体験したことを内省することによって，自分自身に内在していたものが具現化，言語化，可視化され「気づき」を得る．この「気づき」こそ，第1学年におけるポートフォリオの醍醐味といえる．

2　第2学年における実際

1 第2学年におけるポートフォリオの役割

① 第1学年のポートフォリオの総括

　第1学年で実践したポートフォリオで得た「気づき」を今一度明らかにするために，第1学年の総括をし，新たな目標を設定する．第1学年でのファイルのなかから，自分のテーマに関する必要な情報を取り出して，テーマについての「第1学年ポートフォリオ」を作成する．第1学年で実施した「テーマの決定」，「テーマを決めた理由」，「ゴールの設定」，「情報」，「計画の立案」，「実践」，「分析」，「評価」，そして「自己の成長」をまとめる．

　人は誰でも，昨年よりは成長している．背が伸びたり，髪が長くなったりなどの目に見える成長はよくわかる．しかし，自分の考え方や感じ方など目に見えない成長はわかり難い．ポートフォリオは，ファイルの中身を並べることによって，写真や記録物などの資料を根拠にリフレクションし，「自分の成長」を確認することができる．ポートフォリオは，自己肯定感を育て，自信に繋がり，能動的な学びを得ることができる．

② 第2学年における新たな取り組み

　第2学年におけるポートフォリオは，第1学年のときとはまた違った役割を持つ．第1学年で体験したことを積み重ねていく段階である．第1学年で実施したテーマと同じテーマで実施する場合でも違いが出てくる．体験や資料の量は必然的にはるかに多くなっている．そのため，同じように「考え」，「内省し」，「課題を明確にする」ことをしたとしても，内容は深いものになっているはずである．そういう意味でも積み重ねの取り組みとなる．

第2学年においては，テーマの設定は自由であるため，違うテーマである場合もある．テーマを変えるには，それなりの理由や発想の転換があったからに他ならない．さまざまな状況のなかで，学生は新たな取り組みを迎える．

② 第2学年におけるポートフォリオ

　第2学年におけるポートフォリオは，新たなテーマを掲げて実施される．「ゴールの設定」，「情報」，「計画の立案」，「実践」，「分析」，「評価」は「第1学年ポートフォリオ」を塗りかえることになる．そうして作成された「第2学年ポートフォリオ」から生まれる「点」を，「第1学年ポートフォリオ」から生まれた「点」と結びつけ「線」にしたとき，また「新たなもの」が生み出される．それは，今まで思いもよらなかった「成果」が出てくることもある．

　たとえば，自分のことをテーマにした場合，1年前の"あのときの自分"のファイルから「点」として取り出し，"いまの自分"の「点」と結んでみると，その先に"将来の自分"が見えてくる．そのなかで，今何をすべきかを考えることができるのである．これが，第2学年におけるポートフォリオである．

　第2学年におけるポートフォリオの実際は，「第1学年ポートフォリオ」を活用して，自分自身に内在していたものが何であるのかを模索し，「気づくこと」であるといえる．

3　4年制課程における実際

① 第4学年におけるポートフォリオの役割

　第4学年おけるポートフォリオは，「第1学年ポートフォリオ」から「第3学年ポートフォリオ（内容については省略）」までのまとめと，各学年で生まれた「点」と「点」，そして，「第4学年ポートフォリオ」の「点」，さらなる「将来の点」に繋げる役割を持つ．

　4年間の過程のなかで，ポートフォリオ実践を積み重ねることによって，学生は，しっかり自分を向き合うことを身につけることができる．大学以前から抱えていた問題かもしれない，見ないようにしてきた課題だったかもしれない，そんな問題にしっかり向き合う時間を持つ習慣が身につく．4年間，ポートフォリオを実践して初めて，課題が他人の問題ではなく，自分自身の問題として受け入れる姿勢や気づきを得るために視点を身につけ，大人になるための必須なプロセスを踏むことができる．

　さらには，この4年間のポートフォリオ実践に月日を費やしながら，アイデンティティを確立するといえる．

②　第 4 学年におけるポートフォリオ

①　4年間のポートフォリオの総括

「第4学年ポートフォリオ」の作成は，「4年間のポートフォリオの総括」である．1学年から3学年までのファイルを紐解きながら，各学年で生まれた「点」が何であったかを深く分析し，明らかにする．その「点が何であったか」を資料で裏づけし，4年間の「点」で結ばれた「線」を今一度考え，分析していく．そして「成果」を明示することである．つまり，それは，テーマに沿って4年間実践しつづけてきて繋がった「線が何であったか」を明らかにし，「将来につなぐ点」がどのようなものであるのか，またゴールはどのようなものかを掲げることである．

②　4年間の成長の確認

4年間の「成長報告書」をする．介護福祉教育に求められている「人としてのあり方」に応えられる「自己の成長」を確認することである．

ここで大切なことは，マイナス探しをしないことである．鈴木（2008）は，「自分を肯定し大切にできないと，人を大切にすることは難しい」と述べているように，「人の尊厳を支えるケア」は，まずはあるがままの自分を認め，肯定し，大切に思うことが大切である．自分を認めて初めて他者を認めることができるのである．

③　最終段階としてのポートフォリオ

4年間の総仕上げとしてのポートフォリオは，4年間の評価として点数をつけることではない．4年間の各学年のポートフォリオによって，自分の成果や成長のプロセスを確認し，モチベーションをあげながら努力してきたことを認め，喜ぶことである．そしてこれから，どんな職場においても，物事をよく考え，内省し，課題に気づこうとする，学び続ける自分をつくることにある．それこそが，社会に求められる人としてのあり方であり，ポートフォリオの効果である．

第2節　実習の段階におけるポートフォリオの実際

1　第1段階実習における実際

①　事前準備

介護福祉士の養成課程における介護福祉実習（以下　実習）は，学生が介護福祉士となるために，学内で学んだ専門的知識や技術を，実際の介護の現場で体験し統合していく大変重要な学びの場である．学生は実習を通して，「利用者の生活を支援するためのさまざまな技術」を体感し身につけていく．また，利用者との触れ合いのなかで，「人の尊厳を守ることの意味」

や「介護観」を形成していく.

　学生が自分自身で成長を実感できるようにするには, 実習前の事前準備が大きな意味を持つ. 事前準備のいかんで, その結果を左右するといっても過言ではない. どの養成校においても, 事前準備として「目標」を明確にしたり, 実習に出るための生活指導も行われている. しかしながら, 実際に実習を受け入れ施設（以下　実習施設）の多くから, 学生に対する指導が不十分であるという意見が聞こえてくる. 具体的には, 山下ら (2005) は, 学生の「目的のなさ」「積極性のなさ」「声が小さい」を, 平澤ら (2010) は,「礼儀作法」を調査結果から報告している. そして, 小木曽ら (2010) は,「学生の実習に向けてのレディネスの不十分さ」や「施設が求める学生像との実際の学生の乖離」を指摘している. つまり, 介護に対して積極的に学ぶ姿勢や日常生活のなかでも礼儀作法を学ぶ姿勢が求められている.

　これらの課題を解決するには, そのひとつとして, ただ単に「目標」を書くのではなく, 学生が自分なりの目標を明確にすること, そして, その目標を実現するために, どのような手順で実施するのかを時間をかけて具体案を練る必要がある. 　第1段階実習だけでなくすべての実習において, 実習施設の概要を理解することはもちろんであるが, 実習における到達目標（ゴール）と日々の「目標（ゴール）」が明確であれば,「目的のなさ」「積極性のなさ」「声が小さい」などの課題は解消されていくと考えられる（表3－1）.

　もうひとつの課題である「礼儀作法」については,『大辞林』(1988) では,「『礼儀 』とは社会秩序を保ち, 他人との交際を全うするために, 人としてふみ行うべき作法をいう」とあるが, 学生にとっては,「挨拶」や「相手への態度」であろう. これは, 人が生きていくうえでの基本的なことであるにもかかわらず, 実習においては, その基本を実践することができず, 実習態度が不良であると注意を受けることがある. この課題を早急に解決することは難しいが, 学生自身が, ある意味,「社会」である学内生活のなかで変えていかざるを得ない. たとえば, 廊下や通路ですれ違った人に対して率先して挨拶する, あるいは事務室や教員室の出入りの際に「失礼します」といって入る,「ありがとうございました」といって退室するといった日々の小さな行動変容をする努力は, 実際に社会に出て「挨拶ができる人材」に成長することに役立つであろう. さらには, 行動を起こす際に必要される態度を「考える力」「場を見る力」「事後を予測する力」を養っていくことにも繋がっていく.

表3-1　実習事前準備：目標（ゴール）に対する行動日程

介護実習　1・2・3

実習における私のテーマとテーマを決めた理由：			
実習における私のテーマに対するゴール：			
利用者の長期目標（ゴール）：			
利用者の目標（ゴール）			
日時	事　　項	具体的な行動	達成度
／	オリエンテーション		
／			
／			
／	中間報告会 プレゼンテーション		
／			
／			
／			
／	反省会 プレゼンテーション		

2 実習中

　実習中，学生は学生であると同時に社会人としての心構えや守らなくてはならない基本的な姿勢が求められる．また，毎日の行動を記録しなければならない（表3-2）．

☆ 基本姿勢10

　① 「遅刻をしない」・「欠席をしない」・「連絡を欠かさない」

　② 体調を整え，病気にならないようにする．

　③ 風邪や腹痛などの時は，病原菌を利用者に運ばないようマスクをする，あるいは休む．

　④ 挨拶は，きちんと考えて発する．

　⑤ 笑顔で接する．

⑥ 公私混同しない.

⑦ 前の日に当日の行動を頭に入れておく.

⑧ 当日は，目標を踏まえて行動する.

⑨ 学ぶ姿勢を持つ.

⑩ 学校で学んだことを統合する.

☆ 留意点10

① いつも同じ利用者とばかり話さない.

② フロアーの利用者全員と接するよう努力する.

③ 同室の利用者へ配慮する.

④ 利用者を理解する姿勢を持つ.

⑤ 学生同士私語をしない.

⑥ 利用者に対して言葉を崩さない（タメ口をきかない）.

⑦ 利用者や実習指導者（以下　指導者）からの注意は有り難いと学び，感謝する.

⑧ 目標に沿って行動する.

⑨ 利用者の情報を把握しないまま自分勝手に行動しない.

⑩ 休憩時間には，学んだことを忘れないようにメモを取る.

☆ 記録10

① その日のうちに書く.

② 目標に沿って書く.

③ 事実・考察・感想を区別して書く.

④ 日記ではないことを認識する.

⑤ 根拠に基づいて書く.

⑥ 記録が共有物であることをわきまえて書く.

⑦ 他者が読むことを意識して書く.

⑧ 敬体と常体を一緒に使用しない.

⑨ 省略語は使用しない.

⑩ ５Ｗ１Ｈで書く.

表3-2　実習記録

介護実習　1・2・3

月　　日（　　） 実習第　　日	実習学生氏名

本日の目標

時　間	実 習 項 目	実　　　習　　　内　　　容

月　　日（　　）	実習第　　日	実習学生氏名

施設側から指導を受けた事項

活動内容・考察・感想

指導者の所見

指導者
　署　名　　　　　　　　　　印

出典）浦和大学・浦和大学短期大学部福祉教育センター編『介護実習の手引き』2013，pp.34 - 35，一部改変

3 実習後

　実習後は，第1段階実習の全体を振り返り，総括を行う．振り返りを通して，自分自身に内

在していたものを具現化，言語化，可視化する．そして，学生は何らかの「気づき」を得るための努力をする．その「気づき」から「自分の成長」を認識し，ポートフォリオに綴じる．

表3-3　第1段階実習総括

第1段階実習における私のテーマとテーマを決めた理由：
私のテーマに対する第1段階実習でのゴール：
利用者の長期目標（ゴール）：
(1) 第1段階実習で一番心に残った利用者の言動・自分の言動・指導者からの助言
(2) 一番心に残った利用者の言動・自分の言動からの分析（学んだこと・感じたこと・気づいたことなど） ＜自分像＞
(3) 次の実習に繋げたいこと

〈ポートフォリオの実際〉

・第1段階実習での自分像を明らかにする.

・第1段階実習の自分像を明確にした要因を明らかにする.

・テーマの達成度を明らかにする.

・達成度の要因を明らかにする.

・一番嬉しかったことを明らかにする.

・次の実習のテーマを明らかにする.

・次の実習のテーマを決定した根拠を明らかにする.

表3-4　第1段階実習ポートフォリオに綴じるもの

☆　第1段階実習のテーマ
☆　テーマ決定の根拠
☆　テーマの達成度
☆　達成度の要因
☆　一番心に残ったもの・エピソード
☆　その時の気持ち
☆　「学んだこと・感じたこと・気づいたこと」のレポート
☆　自分像
☆　指導者からのメッセージ
☆　第2段階実習のテーマとゴールの設定
☆　第2段階実習のテーマ決定の根拠

2　第2段階実習における実際

1 事前準備

　第2段階実習を実施する事前準備も，第1段階実習前と同様に重要である.「第1段階実習ポートフォリオ」の実施を振り返りながら，新たにテーマを設定する. そのテーマを決定した根拠を明らかにし，ゴールを設定する.

　第2段階実習のテーマは，第1段階実習のテーマと同じ場合もある. あるいは，まったく違うテーマになることもある. 学生がテーマを変えるには何らかの理由が存在し，その理由を明確化することで，自分自身のこれまでの学びと課題を認識することに繋がる.

　第2段階実習の新たな課題として，「介護過程の展開」がある. 科学的な根拠に基づく質の高い介護実践として，「介護過程の展開する」という「目的」をもって実施する. そのため，その目的を遂行しながら，自分のテーマとそのゴールを目指して実施することになる.

　実習施設に入所されている8～9割の利用者が認知症の症状があるといわれている. また，

利用者の多くが，疾病を持っていたり，複数の疾病を持っていたりと，利用者のニーズはさまざまである．そのため，事前準備としては，学内で学んだ知識と技術を振り返るだけでなく，自らが実習施設の特性や利用者の特性を理解しようとする姿勢が重要である．多くの養成校では事前訪問などが位置づけられており，あらかじめ施設の特性や利用者の傾向を知ることができる．その情報を活かしながら学ぶ必要がある．たとえば，胃ろうの利用者がいる場合には，事前に図書館などで調べた文献で，知識をさらに深めるとともに，実施されているケアが適切であるかをどうかも考えられる力を養うことが求められる．日本老年医学学会では，「高齢者ケアの意思決定プロセスに関するガイドライン：人工的水分・栄養補給の導入を中心として」などを示しており，介護という枠組みを超えた自己学習を行うことによって，実習での学びを深めることが必要とされているのである．

　また，第 2 段階実習での長い期間のなかで，介護過程を展開することによって，一人の利用者にしっかりと向き合うことができる．そして，利用者の状況がどのようであろうと，利用者に対して尊厳をもって接することの意味や，介護者が利用者と時間を共有することの意味について学ぶことができる．その意味で，この段階の事前準備は積極的に行う必要がある．

② 実習中

　第 2 段階実習で行う「介護過程の展開」は，受け持ちとなった利用者の情報を得ることから始まる．利用者の基本的な情報はフェイスシートや指導者から得ることになる．しかし，最も重要な情報は，直接利用者自身や利用者の家族から得るものである．現在の ADL の状況や医療的ケアの実施状況なども必要な情報ではあるが，介護の質の向上のための実践力を養う目的がある「介護過程の展開」では，その利用者をひとりの人として多面的に捉え，その人の思いやその人らしさを大切にする実践に繋がる情報が必要になる．しかし，その必要性が理解でき，情報を得ようと試みるものの実際は，その人の思いを情報として得ることは難しい．人は誰も普段の暮らしのなかで，心を許せる人には本当のことをいえるが，そうでない人には当たり障りのない話をしていることが多い．利用者や家族に対して，向き合うものがどのように日々関わりラポール（信頼関係）を築いていくのかが要となる．

　また，前述したように，利用者の多くは認知症を併せもっており，コミュニケーションが難しい場合も多い．また，自分自身のニーズをしっかりと他者へ伝えることができないことも多く，たとえば，頻繁に立ち上がってしまう場合には，実はお腹の調子が悪くトイレへ行きたいという真のニーズが隠れているということもある．「どうされましたか」と声をかけても無言のこともあり，タッチングしようとする手を払いのけてしまうかもしれない．これは介護者が利用者に拒否されたのではなく，介護者が利用者の情報を的確に把握しないまま，不適切なアプローチをしたという結果に過ぎない．実習の初めの頃には，このようなことを繰り返し体験

するであろう．実習中は，自分自身のうまくいったことやうまくいかなかったことに目が行きがちであるが，少し利用者と距離を置いて新たな情報を得てみるとよい．その利用者が他のケアスタッフとどのように関わっているのか観察するのである．そのことで，利用者と直接かかわることでは得られなかった新たな情報を得ることができる．以下，その場面のひとつを紹介する．

〈Aさんの情報の捉え方〉

　Aさんは，他の利用者と席を離され，食堂のロビーの片隅で一人きりで車いすに座っている．「Aさん，飲んでね」とコップに入ったジュースをケアスタッフが渡したが，Aさんはそのまま床に捨ててしまい，床にジュースがこぼれ散った．ケアスタッフが怒って「いらないなら，いらないといってよ」と片付けてしまった．その後，バイタル測定をするために看護師が「Aさん，血圧図るね」といいながら腕にマンシェットを巻き付けた．するとAさんは「なにするの！　痛いやめて！」といってマンシェットのゴム管を力いっぱい引っ張ってちぎってしまい，看護師の腕に噛みつこうとした．看護師はAさんを振り払い「拒否で血圧も図れない」といって，その場を立ち去った．しばらくすると，別の看護師が手に血圧計を持ってAさんの傍にやってきた．Aさんの顔を覗き込みながら「Aさん，こんにちは．お隣に座ってもいいですか」と優しく声をかけた．Aさんもその看護師を見ながら「どうぞ」といった．看護師は「ありがとうございます」といい，隣に座った．その後，血圧を測りたいことを，血圧計を見せながら丁寧に話すと，Aさんは自分から手を伸ばし「どうぞ．ちゃんと図らないといけないね」といった．看護師は，自分が行う動作を絶えず説明しながら血圧を測り，「Aさんちょうどいいくらいでしたよ．よかったです．血圧測らせてくれてありがとうございます」といってAさんの元を離れた．Aさんは，一人でいると童謡を歌っていることが多く，その時の表情は穏やかであった．

　このような場面で，「Aさんは拒否がある人」と捉えるのではなく，「Aさんはケアする側の接し方が悪いと敏感に反応し，行動として返ってくる」と捉えて欲しい．それがとても重要なことで，この情報の捉え方がアセスメントを左右する．Aさんが心地良くケアを受けることができるためのアセスメントであることを忘れないで欲しい．ただし，このステップにすぐに辿りつくものではなく，疑問を持つことがその一歩となる．以下の，実習生のその後の対応を紹介する．

〈実習生がAさんと関わる〉

　実習生は，Aさんが場面によってまったく違う状況であることに疑問をもった．そのことを担当教員に話をした．すると，教員はユマニチュードの本を渡してくれた．実習生はその本を読み，血圧をスムーズに測定できたことは偶然ではなく，必然であったことを理解できた．

翌日，実習生は「Ａさん．おはようございます．お隣に座ってもいいですか」とＡさんの顔を覗き込むように声をかけた．Ａさんは，「何にもわからんようになってしまった．ここにいてもいいのか」と不安げな様子を示した．その時実習生は，傍らでＡさんの手を擦りながら「大丈夫ですよ．私も一緒にここにいますからね」というと，安心して笑顔になった．その後，バイタルサインの測定や食事介助などの時には，Ａさんの笑顔があった．

　現場で行われている介護がベストでないことも実際に多い．また，人手不足で，１対１で向き合うことが難しいという現状もある．現場で行われている介護をそのまま真似るだけの実習ではなく，学んだ知識を技術として実践し，一人ひとりの利用者と向き合う力を身につけることが重要である．

３ 実習後

　実習後は，学生が第２段階実習の全体を振り返り，総括を行う．そして，「第２段階実習ポートフォリオ」を作成する．学生が，「第２段階実習ポートフォリオ」と「第１段階実習後ポートフォリオ」とを比較し自分に変化に気づくよう「１人思考」の時間を設ける（鈴木，2008）．

　ポートフォリオを活用してのリフレクションを行うことで，実習での出来事を思い出し，内省し，自分と向き合う時間となり「思考力」が養われる．リフレクションは，実習を通した実践経験の積み重ねを客観的に検証し，自分自身が目指す介護福祉士像に近づくことができる．また，ポートフォリオはさまざまな気づきを提供してくれる．「学んだこと・感じたこと・気づいたことのレポート」は，「１人思考」ができる方法である．「思考」し，書くことによって，思考が言語化され，具現化，可視化される．このように，一つひとつについてポートフォリオを活用しリフレクションしていくことによって，さらなる「気づき」を得ることができるのである．このような思考活動を通して「点」と「点」が「線」になったり，「点」と「点」がちぐはぐになったりしながら，何らかの「生産物」を生み出していく．ポートフォリオの効果は，大きいといえる．

表3-5　第2段階実習総括

第2段階実習における私のテーマとテーマを決めた理由：
第2段階実習における私のテーマに対する達成度：
(1)第1段階実習と比べて自分が成長したことは何ですか
(2) 第2段階実習で「一番心に残ったこと」は何ですか
(3) 第2段階実習で自分像に変化はありましたか ＜自分像＞
(4) 第3段階実習では，どのような学びが必要だと思いますか

〈ポートフォリオの実際〉

・第2段階実習の自分像を明らかにする

・第2段階実習の自分像を明確にした要因を明らかにする

・第1段階実習の自分像との変化を明らかにする

・第2段階実習のテーマと第1段階実習のテーマの共通点あるいは相違点を見出す

・テーマの達成度を明らかにする

・達成度の要因を明らかにする

・一番嬉しかったことを明らかにする

・次の実習のテーマを明らかにする

・次の実習のテーマ決定の根拠を明らかにする

表3-6　第2段階実習ポートフォリオに綴じるもの

☆　第2段階実習のテーマ
☆　テーマを決定した根拠
☆　第2段階実習の自分像
☆　第1段階実習の自分像との変化
☆　変化した要因
☆　テーマの達成度
☆　達成度の要因
☆　一番心に残ったこと
☆　その時の気持ち
☆　「学んだこと・感じたこと・気づいたこと・」のレポート
☆　指導者からのメッセージ
☆　第3段階実習のテーマの決定とゴールの設定
☆　第3段階実習のテーマ決定の根拠

3　第3段階実習における実際

1　事前準備

　第3段階実習はまとめの実習である．　第1段階実習と第2段階実習の体験のなかから学んだことを振り返り，育んできたものが何であるかを確認し，さらに積み上げる期間である．

　最終段階実習を迎えるにあたっては，2007年の社会福祉士及び介護福祉士法の改正時に掲げられた「求められる介護福祉士像（12項目）」および「介護福祉士資格取得時の到達目標11項目」について，今一度振り返る必要がある．どう学び，身につけてきたかを確認する必要がある．また，実習施設からの指摘であった学生の「目的のなさ」「積極性のなさ」「声が小さい」また「礼儀作法」などについて，現在の自分を振り返る．さらに，介護福祉士としての「受容力」「共感力」「傾聴力」「忍耐力」「想像力」等などをさまざまな力量についても振り返る必要

がある.

第1段階実習, 第2段階実習と気づき学んできた「点」が, 3段階実習での目標である「点」と繋がっているか. 「点」ではなく, 「線」になろうとしているか. 自分のなかで方向性ができているかを確認して進むことが重要である. 表面的には違っていても, 根底を流れるテーマは通じるものがあるとも考えられる.

この段階では, ポートフォリオの気づきのなかから, 学生自身が自分のニーズを抽出する必要がある.

② 実習中

第3段階実習は, 第1段階実習や第2段階実習と大きな違いがある. それは, 第1段階実習での初めての実習への不安感や第2段階実習での「介護過程の展開」の実施へのプレッシャー, それらに対する緊張感は軽減されている. 第1段階実習や第2段階実習での経験は, 学生に大きな財産となっている.

学生は, 第3段階実習にスムーズに入っていく. 介護過程の展開を行うが, 対象になる利用者も早い時期に決定することができる. これまでと違って, 学生は対象となる利用者のことだけでなく, 家族のことや, 同じ部屋の利用者のこと, 入所者のことに目を向けることができるようになる. 実習施設の環境も観察することができるようになる. つまり, 利用者にとって大きな意味を持つ「環境因子」に関心がいくようになる.

第3段階実習では, 学生は実習への慣れもあって自由に行動できるようになる. そのため, 逆に目標やテーマを見落としがちになる. 第3段階における事前準備で抽出された「自分のテーマ」を見失わないよう留意する必要がある.

実習中, 生活支援技術や医療的ケアなど全体を通してチェックをすることは重要である. 第3段階実習では, 実習中に何度もポートフォリオを活用する機会を持つことで, 目標達成に向けて, 積極的な行動をすることになる. そのためには, 教員や指導者が学生一人ひとりの目標を常に意識し, 必要に応じて助言していくことが必要となる.

第3段階実習での学生は指示や命令されるのではなく, 自分の思考を深め, 利用者の個別ケアやその人らしい生活を, 環境を含めた生活全体の理解から模索していくことが重要となる. 介護とは何なのか, 「介護の意味」を深めていく. 第1段階実習や第2段階実習では, 実習終了後の振り返りの際に行っていたポートフォリオは, 第3段階実習では短いスパンで実施することが可能になる.

③ 実習後

メイヤロフ（2007）は「ケアによって, ケアされる人が治療に, また自己実現に向かうばか

りでなく，ケアする人その人も変化し，成長を遂げる」と述べている．最終実習である第3段階実習の後は，「自分のテーマ」に沿って獲得したものを丁寧に確認することが重要である．それは，介護福祉士としての「自分自身のアイデンティティ」を確立するために必要な作業である．それは，3つの段階の実習で学んできた，体験してきた傾聴，受容，共感などから育んできた「忍耐力」「想像力」「思考力」などさまざまな力を，自分のテーマと向き合いながら，ポートフォリオを活用して，常に「次に繋げていく」を繰り返しながら獲得してきたのである．こうした弛まなく努力し続ける過程が，「学び続ける自分の土台」をつくるのである．

表3-7　第3段階実習総括

第3段階実習における私のテーマとテーマを決めた理由：
各段階の実習後に3回のリフレクションを行って，どのような気づきがありましたか
それはどんなことですか
その要因と考えられたものは何ですか
ポートフォリオを実施してどうでしたか 良かった　　　　　　　　　　　　　　良くなかった
その理由は何ですか

〈ポートフォリオの実際〉
・第3段階実習のテーマを明らかにする
・テーマ決定の要因を明らかにする
・第3段階実習の自分像を明らかにする
・自分像を明確にした要因を明らかにする

・テーマの達成度を明らかにする

・達成度の要因を明らかにする

・一番嬉しかったことを明らかにする

・第1段階実習・第2段階実習・第3段階実習のポートフォリオを再編成する

・自分像の変化を明らかにする

・変化の要因を明らかにする

・自分のテーマを明らかにする

・自分のアイデンティティを確立する.

表3-8　第3段階実習ポートフォリオに綴じるもの

☆　第3段階実習のテーマ
☆　第3段階実習のテーマ決定の根拠
☆　テーマの達成度
☆　達成度の根拠
☆　指導者からのメッセージ
☆　第1段階実習・第2段階実習・第3段階実習の自分像の変化
☆　変化した要因
☆　第1段階実習・第2段階実習・第3段階実習で一番心に残ったもの・エピソード
☆　その時の気持ち
☆　「第1段階実習・第2段階実習・第3段階実習を通して学んだこと・感じたこと・気づいたこと」の
　　レポート
☆　自分像
☆　繋げていきたい「テーマ」
☆　今の自分の「アイデンティティ」

〈専門職である介護福祉士として〉

　学生は，学内の講義，仲間とのかかわり，介護実習での学び，その他さまざまな人との交流のなかで，多くの方がたの指導をいただきながら，介護福祉士として成長していく．介護の専門職としては生活支援が中心となる．そして，日々の単調な生活の繰り返しのなかから，利用者その人にとっての価値観やその人らしさに気づき，それを継続できるような介護の実践力が求められる．初井貞子（2002）は，「Wordsworth と放浪の人々」の中で，「詩人 Wordsworth が，放浪の人々を上から下への 'pity（哀れ・気の毒）' の感情をもっていたが，Wordsworth は，長い人生の道のりで，'pity' ではなく，下から上への 'admiration（敬意・憧れ）' の感情が生まれ，その感情の変化の過程こそが「詩人の成長」」として分析している．人が成長していくプロセスはさまざまで一様ではないが．生きているかぎり「人としての成長」は，永遠のテーマであるといえる．学生は詩人ではないが，このような下から上への 'admiration' の感情を，これからの介護の現場で教えられることであろう.

参考文献

浦和大学・浦和大学短期大学部福祉教育センター編『介護実習の手引き』2013.

小木曽加奈子ら「介護実習における自己評価と他者評価―リフレクションの視点からの考察―」
　『福祉図書文献研究』9，2010.

厚生労働省「介護福祉士養成課程における教育内容の見直しについて」2007.
　http://www.mhlw.go.jp/bunya/seikatsuhogo/dl/shakai-kaigo-yousei02
　（2015 年 12 月 01 日アクセス）

社団法人日本老年医学会「高齢者ケアの意思決定プロセスに関するガイドライン；人工的水分・
　栄養補給の導入を中心として」2012.
　http://www.jpn-geriat-soc.or.jp/proposal/pdf/jgs_ahn_gl_2012.pdf
　（2015 年 12 月 01 日アクセス）

鈴木敏恵『ポートフォリオ評価とコーチング手法』医学書院，2008.

初井貞子「Wordsworth と放浪の人々―An Evening Walk から ‘Gipciees’ に至る詩人の成
　長を追って」『帝京大学福岡短期大学紀要』14，2002.

松村明編『大辞林』三省堂，1998.

ミルトン・メイヤロフ／田村真，向野宣之訳『ケアの本質』ゆるみ出版，2007.

山川肖子「生涯学習者にとっての自己評価の意義―自己志向のポートフォリオを手がか
　りとして－」『広島修大論集』43（2），2003.

第4章 介護現場のスタッフのためのポートフォリオ

1 現任教育の必要性

1 介護と看護

　介護と看護という言葉は，英語では CARING と NURSING と表記することができるが，そもそも，介護のスペシャリストが存在する国は少ない．つまり，日本の介護福祉士という職種自体が存在しない国が多いということである．日本でも昔から介護という言葉があり，その資格があったかというとそうではなく，比較的新しい国家資格である．介護という言葉が使われはじめたのは，1963（昭和51）年の老人福祉法以降と考えられている．一方，看護の専門職が確立された歴史は古く，ナイチンゲールの時代に遡る．わが国には看護職としては看護師と准看護師が存在しているが，看護職は世界の多くの国に存在する職種である．ただし，その仕事の範疇は国による違いが大きく，薬の処方ができる国もあれば，わが国のように医師の指示に基づいてケアを行う国もある．

　戦後の高度経済成長により，飛躍的な衛生水準の向上や医学の進歩によって，疾病構造の変化や平均寿命の延長に至り，急激な高齢化率の上昇とともに，何らかの健康障害を有する人が多くなり，自立した生活を送ることが困難な人が増加した．これらの人が日常生活を送るためには，他者からの支援・援助が必要となり，その受け皿として社会的入院という現象もみられた．また，そのような方のケアをする施設として，老人福祉法を根拠とした，特別養護老人ホームが設立されることになった．従来の老人ホームとは異なり，多くの利用者がさまざまな医学的なニーズをもちケアが必要な高齢者を対象とする施設であったため，当初は看護職が中心となってケアを行う方向性であった．しかし，看護職の人手不足がいっこうに解消しないため，寮母がそのケアを行うことになり，寮母は看護職の免許がないため，その行為を「介護」と呼ぶようになった．

　その後，特別養護老人ホームに入所しているどの高齢者にも，専門的ケアが必要であることが認識され始めた．疾病構造の変化による医療ニーズの高い高齢者が増加し，社会的な世論の

高まりも相まって，介護の専門化の必要性が生じてきた．そのため，国家資格である介護福祉士が誕生し，介護の専門性が法的に明確になった．しかし，介護福祉士という専門職が確立されたにもかかわらず，介護が家族など要介護者の身近な人々が担っている場合が多く，介護は専門職でなければならないという縛りはなかった．介護を必要としている高齢者のケアは，資格がなければ仕事ができないということではなく，「家族でもできる介護」という考えからスタートしたのは事実である．しかし，笹谷ら（2008）は，「介護職には介護福祉士・ホームヘルパー・無資格者などが混在しているが，施設が専門職を必要としているため，資格手当てが上昇傾向にある」ことを指摘している．現在はそのあり方が大きな転機を迎えている．介護が経験や勘からでなく，科学的根拠に基づいたもケアであり，その実践者である介護福祉士は介護のスペシャリストであることを，国民が広く認識するためには，介護の質の向上を図ることが急務である．そのためにもポートフォリオを取り入れた現任教育が必要となる（小木曽，2010：17−18を一部改変）．

② 介護福祉士の資格の誕生

　1987（昭和62）年3月「福祉関係者の資格制度について」の意見具申が，中央社会福祉審議会等福祉関係三審議会より，厚生大臣（現厚生労働大臣）になされ，以下の目的が明示された．

　　① サービスの担い手となる専門的福祉マンパワーの養成及び確保

　　② 民間部門市場ベースによるシルバーサービスの健全育成及び大量供給

　　③ 民間サービス拡大における職業倫理や専門的知識・技術の社会的保証（法的関与）等

　また，同年5月には「社会福祉士法及び介護福祉士法」が制定された．これにより，1963（昭和38年）の老人福祉法制定以来，非専門的援助と位置づけられてきた介護は，あくまでも家族に代わり高齢者の生活援助にあたることから，専門的な知識および技術をもった国家資格である介護福祉士という新たな職種が誕生した．

　介護福祉士という新たな職種を誕生させたという意味を捉えると，そこには介護という専門性の確立が必要になってくることに繋がる．既存の資格である看護職との専門性をどのように棲み分けをしていくのかなど，両職種の強みと弱みを補完しあえるような関係をもつことが必要である．

　求められる介護職の役割も変化しつつある．2012（平成24）年の「社会福祉士及び介護福祉士法等の一部を改正する法律」（厚生労働省，2011）により，喀痰吸引（口腔内，鼻腔内，気管カニューレ内部の喀痰吸引）及び経管栄養（胃ろう又は腸ろうによる経管栄養，経鼻経管栄養）の実施のために必要な知識，技能を修得した介護職員等（介護福祉士を含む）について，一定の要件の下に，喀痰吸引及び経管栄養を実施することができるものとした．

　また，改正省令は，喀痰吸引及び経管栄養の実施に係る事業者及び研修機関の登録基準等を

定めたものであり，喀痰吸引及び経管栄養が安全かつ適切に実施されるよう遵守すべきものであることなど，介護福祉士に求められるケアも変化してきており，現任教育がますます重要となることが示唆される．

2　資格取得の多様性

① 介護福祉士の役割

　社会福祉士及び介護福祉士法に，「『介護福祉士』とは，第42条第1項の登録を受け，介護福祉士の名称を用いて，専門的知識及び技術をもつて，身体上又は精神上の障害があることにより日常生活を営むのに支障がある者につき心身の状況に応じた介護（喀痰吸引その他のその者が日常生活を営むのに必要な行為であつて，医師の指示の下に行われるもの（厚生労働省令で定めるものに限る．以下「喀痰吸引等」という．）を含む．）を行い，並びにその者及びその介護者に対して介護に関する指導を行うこと（以下「介護等」という．）を業とする者をいう．」と前述した通り定義されている．医療的ケアも担う介護職は，介護の専門性，介護と看護の棲み分けを常に認識し協働することが重要である．

② 資格取得方法

　介護福祉士資格取得方法は以下のように大きく 2 つある（2012年（平成24）年10月現在）．
① 厚生労働大臣が指定した介護福祉養成施設において所定の養成課程を修めて卒業をする．
② 3 年以上介護等の業務に従事した者あるいは，高校や高校の専攻科等で所定の科目を修めて受験資格を得て，介護福祉士国家試験に合格する．

　しかし，介護の質の向上を目指して教育を一本化し，養成校を卒業した場合であっても，2017（平成29）年度から国家試験が義務付けられた．養成校と学生が円滑に対応できるよう 5 年の猶予期間が設けられ，漸進的に導入されることになった．

③ レディネスの違い

　社会福祉士法及び介護福祉士法が制定された時点（1987年）では，認知症に対するケアや国際生活機能分類（International Classification of Functioning, Disability and Health，以下 ICF）の視点を活用したケアのあり方を学ぶことはなく，専門職を養成するという視点においては教育内容は未発達な状態であった．また，資格取得の方法が数種あり，また資格がない場合でも介護職として働くことができるなどにより，介護の職場で働く前の時点のレディネスは，看護師など他の職種と比べると大きな乖離があることが予測される．そのため，近年の介護ニーズに合わせて，現任教育を充実させることが重要となる．

現任教育を充実させることで，介護の質の向上に繋がるため，現任教育体制を整備することだけでなく，現任教育の方向性も定める必要がある．以下にいくつかの例を示す．

表 4-1　現任教育の主眼と具体的方法の例

主眼とすること	実践レベル	具体的方法の例
コミュニケーション	利用者の状態に応じたコミュニケーション技法を用いることができる	・介護職自身のコミュニケーションの特性を知る（交流分析） ・バイスティックの7原則の理解と実践 ・ノンバーバル行動の理解と実践 ・パブリック・スピーキングの理解と実践 ＊具体的な内容については，小木曽加奈子「介護職と福祉職のためのリスクマネジメント」学文社を参考にして下さい．
多様な価値観	その人らしい生活やその人固有の価値観を大切にするかかわりが実践できる	・介護職自身の価値観を明らかにする（自己覚知） ・スタッフの価値観を理解する（他者理解） ・自分と異なる価値観を感じた場面のプロセスレコードを振り返る ・「価値観」というテーマでグループワークを行う ・個々人にとっての価値観の背景にあるものを考える
アセスメントの視点	ケアプランに沿いながらケアを展開するが，かかわりながら，新しい情報を得て，介護の知識・技術を生かし，その場の瞬時のアセスメントを行うことで，よりよいケアを提供できる	・ICF への理解 ・情報を共有できるケアスタッフ間の連携 ・現場で対応が難しかった場面を再構築して，アセスメントを行う．その際，ICF の視点を活用した情報収集と，根拠に基づく介入方法をグループでリフレクションを行う
介護技術	安楽で安全な介護技術を提供できる	・各介護技術項目に対する支援目標，必要な情報，情報の分析や解釈，準備，実施，記録報告の一連が理解でき実施できる ＊具体的な内容については，壬生尚美ら「事例で学ぶ生活支援技術習得」日総研を参考にして下さい．

第2節　現任教育の実際

介護の現場の多くの教育場面では，講師が受講者に対して，一方的に情報や知識を提供する講義形式の研修が行われていることが多く，研修には参加しても眠っていればよい，一部をメモにとり，施設に戻ってからそのメモをもとに伝達すればよいととらえられることが一般的であった．そのため，現任教育を研修によって実施するには相当の経費を要するが，どんな経費を費やした研修であったとしても，そこで学ばれたものが介護現場に活用・導入されることはほとんど期待できなかった．

　そのため，現任教育としては，介護職がこれまでの担当事例を持ち寄り，場面を再アセスメントして，根拠あるアプローチの仕方を，振り返り，出し合うなど，介護職自らが参加していく体系が望ましい．その際には，その軌跡をポートフォリオとして記録にとどめることが必要となる．ここでは，以下の表に基づき，初任者の1年を通した現任教育をポートフォリオとして記録にとどめる実際を紹介する．ポートフォリオでは，各種の研修や施設の行事で感じたことなどを書きとどめ，ファイルに綴っていくこととなる．ここでは，以下の表に基づき，初任者の1年を通した現任教育をポートフォリオとして記録にとどめる実際を紹介する．ポートフォリオでは，各種の研修や施設の行事で感じたことなどを書きとどめ，ファイルに綴っていくこととなる．

表4-2　初任者の1年間の現任教育のスケジュール（4月1日入職を想定）

時期	内容	方法	ポートフォリオ	備考
内定後	有償ボランティア体験（1日間）	現場参加型	・自分が目指したい介護福祉士像 ・採用日までに学びたいこと	予定しているプリセプターがお世話係を行う
入職前	＜入職前＞5日間の新人研修	集団研修 GW 技術演習	・各研修における資料 ・各研修における振り返りシート ・1カ月後の自己目標設定	一部は外部講師を招き，施設全体で研修
5月初旬（1カ月後）	設定した自己目標の振り返りと2カ月後の自己目標の設定	自己評価及び他者評価	・外出レクリエーションの感想 ・端午の節句の感想 ・技術チェック ・自己目標の達成度 ・2カ月後の自己目標設定	プリセプターが面談
7月初旬（3カ月後）	設定した自己目標の振り返りと3カ月後の自己目標の設定	自己評価及び他者評価	・七夕の感想 ・初めての夜勤勤務の感想 ・自己目標の達成度 ・3カ月後の自己目標設定	プリセプターが面談
10月初旬（6カ月後）	設定した自己目標の振り返りと3カ月後の自己目標の設定	自己評価及び他者評価	・夏祭りの感想 ・技術チェック ・自己目標の達成度 ・3カ月後の自己目標設定	プリセプターが面談
3月初旬-4月初旬（11-12カ月後）	設定した自己目標の振り返りと今後に向けた自己目標の設定	自己評価及び他者評価	・事例研究 ・運動会の感想 ・クリスマス会の感想 ・お正月の感想 ・お雛祭りの感想 ・自己目標の達成度 ・今後に向けた自己目標設定	プリセプターが面談

＊プリセプターシップは，新人職員のオリエンテーションを効果的に行い，専門職としての適応を促がす方法で，一人の新人職員（プリセプティ）に一人の先輩職員（プリセプター）が担当し，1年間（場合により長短はある）を通じて行う教育指導である．

1 入職前

① 有償ボランティア体験

　事業者では，よりよい人材を確保しようと，さまざまな方策を実践している．多くの事業者はホームページを作成したり，さまざまな形態別の求人を行い，どのような事業所者であるか，どのような理念を掲げているかなど公開しているところが多い．入職者の多くは，事業者の内容について，インターネットを使うなどあらかじめ調べていることが多い．また，近年では子どもの就職活動においても両親が参加する時代となっている．

　一方，入職予定者を施設側が十分に情報をもっているかというとそうではない．実習やボランティア体験などを経て，入職が決まった場合は，課題は少ないが，求人広告などにより入職に至る場合は，事業者側もどのような人材であるか判断が難しい．今は，多くの事業者が，その人の人となりをみるという面接という機会を設けているが，面接では明らかにならないことも多い．そこで，養成校の学生においては，学校のカリキュラムによってその実施の時期は考慮が必要であるが，就職内定が決まった後，有償ボランティア体験を1日実施するとよい．入職予定者のお世話係には，プリセプターに予定している職員が担当することが多い．プリセプター制度の弱みは，1対1で関わるため，相性があるということである．相性が悪いと良い指導とならないだけでなく，それが互いのストレスを生み出す原因ともなることもある．そのため，互いの相性を確認するということとして，仕事体験という形や有償ボランティアを位置づけている．正式な採用前であるため，具体的な指導を行うのではなく，どのようなケアを行っているのかを概観することを目的としている．

表4-3　有償ボランティア体験の具体的なスケジュール案

9:00-9:30	朝礼に参加	自己紹介 プリセプター紹介
9:30-12:00	自由	本人がしたいことを中心にプリセプターがマネジメント
12:00-13:00	休憩	お世話人と食事．雑談の中から情報を得る
13:00-15:00	自由	本人がしたいことを中心にプリセプターがマネジメント
15:00-16:00	リフレクション	・自分が目指したい介護福祉士像 ・採用日までに学びたいこと 　上記のレポート作成とプリセプターに対して発表

出典）早川己誉ら『介護人材の確保と定着への実践―人材育成の取り組みの視点から―』三重県社会福祉協議会，2012，p.35，より一部改変

〈ポートフォリオの実際〉

　有償ボランティアの時間内である最後の1時間を使用して，「自分が目指したい介護福祉士像」と「採用日までに学びたいこと」のレポートを作成する．そのレポートを基にプリセプターに発表し，発表後，プリセプターの応援メッセージを書き，ファイルに綴じる．

表4-4　ポートフォリオに綴じるもの

☆有償ボランティア体験の様子の写真など　2-3枚
☆「自分が目指したい介護福祉士像」と「採用日までに学びたいこと」のレポート
☆プリセプターの応援メッセージ

表4-5　5日間の研修プログラムの例

時期	研修科目	方法	時間	備考
初日	施設の概要と事務的手続き	講義	4時間	
	施設の理念の共有と個人が目指すケアのあり方	演習	3時間	グループワーク アイスブレークとブレーンストーミング法
	1カ月の自己目標の設定	演習	1時間	各プリセプターの参加
2日	リスクマネジメント 情報管理 利用者・職員を守るために	講義	1時間	
	リスクマネジメントの実践 「ヒヤリ・ハット」 ロールプレイ	演習	3時間	実例を使いながら，ヒヤリハットを考える ワークシートを用いて実践する SHELモデルによる分析
	ポジショニングと移乗 （30℃側臥位，体位変換， 歩行介助，ベットから車いす， 車いす操作，ストレッチャー）	講義 演習	4時間	実際に利用者役と援助者役の双方が体験できるように行う ボディメカニクスを用いることを説明，リフティングの禁止，立位保持ができない場合は2人あるいは3人で介助する 演習では技術チェック
3日	排泄援助 トイレでの排泄 ポータブルトイレでの排泄 オムツ交換	講義 演習	4時間	演習の一部は実際の利用者へ実施しながらライブスーパビジョンができるように配慮する 演習では技術チェック
	清潔援助 口腔ケア 入浴介助（衣服の交換）	講義 演習	4時間	演習の一部は実際の利用者へ実施しながらライブスーパビジョンができるように配慮する 演習では技術チェック
4日	食事援助 摂食・嚥下機能	講義 演習	4時間	演習の一部は実際の利用者へ実施しながらライブスーパビジョンができるように配慮する 演習では技術チェック
	医学的処置 バイタルサインの測定 創傷の処置 内服管理 スタンダードプリコーション 感染予防（インフルエンザ， 疥癬，ノロウイルス）	講義 演習	4時間	実際に利用者役と援助者役の双方が体験できるように行う 演習では技術チェック
5日	認知症ケア	講義 演習	4時間	外部講師を招いて全体研修会として実施するのが望ましい
	ICFの視点を用いた高齢者ケアプロセス	講義	2時間	外部講師を招いて全体研修会として実施するのが望ましい
	リフレクション・評価	演習	1時間	自己目標の修正も含む

出典）早川己誉ら『介護人材の確保と定着への実践―人材育成の取り組みの視点から―』三重県社会福祉協議会, 2012, p.36,
　　より一部改変

　新卒者の多くは，各養成校で介護のあり方を学んでいるが，各事業者の理念と同じものではない場合が多い．また，介護技術なども基礎的な学習だけでなく，臨機応変さや各事業者独自の工夫など学ぶべきことは膨大である．

〈ポートフォリオの実際〉

　初日ではグループワークを通して，1カ月の自己目標の設定を行い，5日間の研修を通して，最終日（5日目）では，自己目標の修正を行う．また，および講義及び演習では，振り返りシートや技術チェックを行う．なお，研修時間内にポートフォリオの作成ができるようにする．

表4－6　ポートフォリオに綴じるものの例

☆　5日間の研修プログラムの様子の写真など数枚
☆　「1カ月後の自己目標」のレポート
☆　施設の理念の共有と個人が目指すケアのあり方についての資料
☆　施設の理念の共有と個人が目指すケアのあり方についてのグループワークのまとめ
☆　リスクマネジメント資料
☆　SHEL モデルによる分析ワークシート
☆　ポジショニングと移乗資料
☆　ポジショニングと移乗技術チェック
☆　排泄援助資料
☆　排泄援助技術チェック
☆　清潔援助資料
☆　清潔援助技術チェック
☆　食事援助資料
☆　食事援助技術チェック
☆　医学的処置
☆　医学的処置技術チェック
☆　認知症ケアリフレクションシート
☆　ICF の視点を用いた高齢者ケアプロセス・リフレクションシート
☆　プリセプターの応援メッセージ

2　5月初旬（1カ月後）

　入職して1カ月が経過した頃に，プリセプターとともに，介護技術の課題を再度明らかにする．勤務時間の調整を行い，できるだけ実践の場で行えるようにする．それぞれの事業所により，優先度が高く，修得したい技術は異なるが，以下に例を示す．

〈技術チェックの一例〉

　現場における自分の介護技術の習得状況を把握することで，自己課題を明らかにすることが，次のステップのために重要となる．また，事業所によっては，各種のマニュアルが作成されて

いるであろう．それらを用いて必要な技術チェックを行う．基準となる技術のマニュアルが不十分である場合は，壬生尚美ら編『事例で学ぶ生活支援技術習得』（2008）が役に立つ．事例に応じた支援方法と留意点が分かりやすく解説してあるため，技術チェックとして活用できる．以下，利用者の機能を生かした方法として，仰臥位から端座位への移乗の例を示す．

表4-7　1カ月後の技術チェック例

＜ポジショニングと移乗＞ ・30℃側臥位 ・体位変換 ・端座位 ・ベッドから車いすへの移乗 ・車いす操作 ・ストレッチャー	・安全，安楽な視点 ・ボディメカニクスの活用，援助者側の腰痛予防の視点 ・多目的枕など環境を整える視点 ・リフティングの禁止 ・複数介助が必要なのかの判断 *演習では技術チェック*
＜排泄援助＞ ・トイレでの排泄 ・ポータブルトイレでの排泄 ・オムツ交換	・トイレまでの移動手段と排泄行動のアセスメント ・プライバシーへの配慮 ・適切な排泄方法と必要な物品の準備 *演習では技術チェック*
＜清潔援助＞ ・口腔ケア ・入浴介助 　（洗髪や衣服の交換を含む）	・感染予防，適切な口腔ケア用品の準備 ・義歯の手入れ ・安全安楽な入浴介助，入浴の可否について *演習では技術チェック*
＜食事援助＞ ・誤嚥予防 ・栄養状態の把握	・嚥下体操，食事姿勢の保持，食事形態の選択 *演習では技術チェック*

表4-8　仰臥位から端座位への移乗（片麻痺がある場合）

	支援方法・留意点	チェック
安全・安楽	身体・気分の変調を確認できるように具体的に問いかける	
	起き上がりに伴い，めまいなど起立性低血圧の症状，その他の変調などの有無を確認する	
	利用者は健手をベッドについて健側下肢をベッドからおろす．患側は介護者が介助する	
	このとき，介護者は利用者の健側上体を支える	
	端座位では，利用者が深く腰をかけていること，両足を少し離し，足底が床についていることを確認する	
自立	ベッド柵またはひもを側臥位になるときに持ちやすい位置に取り付ける	
	利用者は両膝を立てた状態で（患側膝は介護者が支える），健手で患側上肢を前胸部に乗せる	
	側臥位になる前に，健側の手のひら，足底でベッドを押すように力をかけながら臀部を左側に少しずらす．患側下肢は介護者が支持する	
	健手でベッド柵を下から持つ．柵やひもを引っ張りながら肘関節を曲げて横を向く	
	利用者は患側上肢を体の前面に置き，健側肘は体側からできるだけ離し，肘でベッドを押すようにして頭と健側肩を起こす．患側下肢は健側下肢のすぐ後ろに置く	
	利用者は肘でベッドを押して頭と肩を上げ，体の前面を下向きにした姿勢になり，続いて手のひらでベッドを押すようにして上体を起こす．介護者は両肩に手を当て起き上がるのを介助する	
利用者尊重	利用者の健側に立ち，笑顔で名前を呼びかけ，リラックスした雰囲気で挨拶をする（自分も名乗る）	
	仰臥位から端座位になり起き上がることを説明し，同意を得る	
	利用者の姿勢の良否，座り心地を確認する	
	利用者の努力を認め，協力に感謝をすると共に，今後に向け前向きな声かけをして終了する	

*チェック：良くできた　◎　　できた　○　　あまりできなかった　△　　できなかった　×

出典）壬生尚美・佐分行子編『事例で学ぶ生活支援技術習得』別冊，日総研，2008，p.3，一部改変

〈ポートフォリオの実際〉

　1カ月後の技術チェックを行い，技術面での達成度を前回の技術チェックと照らし合わせて課題を明らかにする．

　各個人で設定した自己目標の振り返りを行い，2カ月後の自己目標を設定する．

　・自己目標の達成レベルを考える

　・自己目標を達成に導く要因は何かを明らかにする

　・自己目標が達成できない要因は何かを明らかにする

　・次の自己設定の根拠を示す

表4-9　ポートフォリオに綴じるものの例

☆　外出レクリエーションの写真など2-3枚と感想
☆　端午の節句の写真など2-3枚と感想
☆　ポジショニングと移乗チェックリスト
☆　ポジショニングと移乗の課題
☆　排泄援助チェックリスト
☆　排泄援助の課題
☆　清潔援助チェックリスト
☆　清潔援助の課題
☆　食事援助のチェックリスト
☆　食事援助の課題
☆　自己目標の達成度レポート作成
☆　2カ月後の自己目標設定
☆　2カ月後の面談を踏まえ，プリセプターの応援メッセージ

3　7月初旬（3カ月後）

　仕事の場が施設やグループホームなどの場合は，夜勤勤務がある．夜勤勤務は，日勤勤務と異なり，少ない人員で業務を行う必要があること，必要な介護技術が習得されていること，異常の早期発見などリスクマネジメントの側面も習得していることなどが求められる．そのため，プリセプターがそれぞれの介護の場での介護ニーズを見極めて，新人が夜勤勤務を開始できるかどうかの判断をすることになる．新人は，1カ月後から，夜勤勤務をプリセプターとともに行い，主に見学を主体とし，夜勤勤務の流れを把握する．

　新人のひとり立ちの時期は，担当のプリセプターだけでなく，他のフロア職員の意見も参考にして決められる．また，ひとり立ちの後も，しばらくはプリセプターに様子を見ていただきながら指導を仰ぐようにするとよい．

　プリセプターも他のスタッフからの情報も得て，状況を見極め必要に応じて，1カ月後と同様に技術チェックを行い，指導することとなる．夜勤勤務での状況をポートフォリオで記録することにより，どのようなことが課題かも明らかにすることができる．

表4-10　夜勤勤務の開始からひとり立ち
（1カ月が終了した時点で夜勤勤務可能と判断した場合）

時期	勤務内容	ポートフォリオ	人員配置	指導者
1-2カ月 1回目	主に見学を主体とし，夜勤勤務の流れを把握する	自己の振り返りとプリセプターからのコメント	プリセプターとプリセプティとも人員カウントはない	プリセプター
1-2カ月 2回目	夜勤勤務の流れを確認しながら，プリセプターとともにできるケアを実践する	自己の振り返りとプリセプターからのコメント	プリセプティは，人員カウントはない	プリセプター
1-2カ月 3回目	プリセプターの見守りの中，夜勤勤務を実践する	自己の振り返りとプリセプターからのコメント	プリセプティは，人員カウントはない	プリセプター
2-3カ月 1回目 ひとり立ち	夜勤勤務を実践する．プリセプターも，同勤務帯での配置で，困ったときに対応を求める	自己の振り返り	ペアを組むスタッフはベテランである	プリセプター
2-3カ月 2回目	夜勤勤務を実践する．プリセプターも，同勤務帯での配置で，困ったときに対応を求める	自己の振り返り	ペアを組むスタッフはベテランである	
2-3カ月 3回目	夜勤勤務を実践する．	自己の振り返り	ペアを組むスタッフはベテランである	
3カ月後	夜勤勤務ができる		ペアを組むスタッフはしない	

表4-11　夜勤状況の記入用紙例

○　月　○　日　　　夜勤　　回目
夜勤勤務を実践して良かった点
夜勤勤務を実践して悪かった点
次回の夜勤勤務までに達成する課題
プリセプターからのコメント

　ひとり立ちができるまで，夜勤勤務の状況を書き，プリセプターにもコメントを記してもらいポートフォリオの記録とする．夜勤状況の記入用紙例を表4－12に示す．

〈ポートフォリオの実際〉

　夜勤勤務の状況を把握して，ひとり立ちの課題を明らかにする．

　必要に応じて，「3カ月後」の技術チェックを行い，技術面での達成度を前回の技術チェックと照らし合わせて課題を明らかにする．

　各自で設定した自己目標の振り返りを行い，「6カ月後」の自己目標を設定する．

・自己目標の達成レベルを考える

・自己目標を達成に導く要因は何かを明らかにする

・自己目標が達成できない要因は何かを明らかにする

・次の自己設定の根拠を示す

表4－12　ポートフォリオに綴じるものの例

☆　夜勤状況（ひとり立ち後も3カ月まで継続して）
☆　自己目標の達成度レポート作成
☆　6カ月後の自己目標設定
☆　3カ月後の面談を踏まえ，プリセプターの応援メッセージ
＜以下は必要に応じて＞
☆　ポジショニングと移乗チェックリスト
☆　ポジショニングと移乗の課題
☆　排泄援助チェックリスト
☆　排泄援助の課題
☆　清潔援助チェックリスト
☆　清潔援助の課題
☆　食事援助のチェックリスト
☆　食事援助の課題

4　10月初旬（6カ月後）

　介護の技術や夜勤勤務に課題がない場合は，指示を受けて行う立場から，自分で考えて行うことができるステップへ進むことが必要である．それぞれの勤務状況によって必要な役割は異なるが，リーダー業務などが実践できるようになることが必要である．ここでも，プリセプターの支援が欠かせない．リーダー業務を実践する前に，プリセプターがすべての技術チェックを行い，フロア職員の意見も参考にリーダー業務が可能であるか判断することとなる．

　なお，技術チェックは，1カ月後に実施したものと同じでよい．

表 4 - 13　ポートフォリオに綴じるものの例

☆　夏まつりの写真など2 - 3枚と感想
☆　運動会の写真など2 - 3枚と感想
☆　6カ月後のポジショニングと移乗チェックリスト
☆　6カ月後のポジショニングと移乗の課題
☆　6カ月後の排泄援助チェックリスト
☆　6カ月後の排泄援助の課題
☆　6カ月後の清潔援助チェックリスト
☆　6カ月後の清潔援助の課題
☆　6カ月後の食事援助のチェックリスト
☆　6カ月後の食事援助の課題
☆　6カ月後の自己目標の達成度レポート作成
☆　1年後の自己目標設定
☆　6カ月後の面談を踏まえ，プリセプターの応援メッセージ

5　3月初旬から4月初旬（11 - 12カ月後）

　介護の質の向上は社会的にも求められており，科学的な根拠に基づいた支援のあり方は，介護の質の向上には欠かすことができない概念である．今行っている介護が，その方にとってよりよいものであるかどうかを，検討しながら，QOL の向上を目指す介護を提供できる人材育成が必要である．その意識を，しっかりと持つ人材を育成するためには，初任者の事例研究は欠かすことができない．1事例の介護の展開の中には，一般化できることと個別的なことなど豊かな情報を内包している．事例研究を行うことで，過去の論文や定説と比較して，自分が行ったケアを深く考察することができる．

　事例は，介護職にさまざまな課題を投げかけてくれる．事例の内容の一つひとつを丁寧に理解し，多面的な視点から分析し，全体的に洞察することができるようになる．利用者一人ひとりを大切にしたケアのあり方を見いだす大きな力となるであろう．事例研究は，成果物としての論文に残し，発表することが望ましい．できれば抄録を作成し，パワーポイントを用いて発表できる機会を得ることがよい．さらには，各フロアや関連施設などに配付できるとよい．この方法は，事業所以外の公の場での研究発表と同じ形式がよい．それは，新人の1年の成果であり，現任教育の成果でもある．これらのことを地道に継続していくことが，介護職の専門性を高め，確固たるものにしていくこととなる．事例研究の成果としての論文は，各フロアや関連施設などに配付できるとよい．また，事例研究の発表は，できれば抄録を作成し，パワーポイントを用いて発表できる機会を設ける．この方法は，事業所以外の公の場での研究発表と同じ形式である．

表4-14　ポートフォリオに綴じるものの例

☆　クリスマスの写真など2-3枚と感想
☆　お正月の写真など2-3枚と感想
☆　お雛様の写真など2-3枚と感想
☆　事例研究の論文
☆　事例研究発表のパワーポイント
☆　1年後の自己目標の達成度レポート作成
☆　これからの自己目標設定
☆　1年後の面談を踏まえ，プリセプターの応援メッセージ

参考文献

厚生労働省「社会福祉士及び介護福祉士法等の一部を改正する法律」2011.
　http://www.mhlw.go.jp/seisakunitsuite/bunya/hukushi_kaigo/seikatsuhogo/tannokyuuin/
　dl 2012.（2015年12月01日アクセス）
小木曽加奈子『医療職と福祉職のためのリスクマネジメント』学文社，2010.
笹谷真由美ら「介護福祉士の労働環境と就業に関する一考察」『奈良佐保短期大学研究紀要』
　15,2008.
早川己誉ら『介護人材の確保と定着への実践－人材育成の取り組みの視点から－』三重県社会
福祉協議会，2012.
壬生尚美ら編『事例で学ぶ生活支援技術習得』日本総合研究所，2008.

執　筆　者

　安 藤 邑 惠　奈良学園大学（第1章第2節・第2章第3節）

　今 井 七 重　中部学院大学（第2章第7節 - 発熱時・誤嚥）

＊小木曽加奈子　岐阜大学（第1章第3節・第2章第4節・第2章第5・7節

　　　　　　　　　転倒転落・ターミナル）・第4章第1・2節）

　高 木　　剛　静岡県立大学短期大学部（第2章第1節）

　祢宜 佐統美　愛知文教女子短期大学（第1章第1節）

　林　由 美 子　中部学院大学（第2章第2節）

＊平 澤 泰 子　浦和大学短期大学部（第3章第1・2節）

　古 田 弥 生　平成医療短期大学（第2章第6節）

　真 木 明 子　元田辺製薬株式会社（第2章第4節）

（＊は編者，五十音順）

執筆協力者

　阿 部 隆 春　東京都福祉保健局

　佐 藤 八千子　岐阜経済大学

　田 村 禎 章　ユマニテク医療福祉大学校

　伏 見 幸 子　彰栄保育福祉専門学校

　山 下 科 子　中部学院大学

（五十音順）

編著者紹介

平澤 泰子
ひらさわ やすこ

現　職　浦和大学短期大学部教授
主要著書　『高齢者ケアの質を高めるる ICF を活かしたケアプロセス』学文社（共著）2015年
　　　　　『認知症がある人をケアする』学文社（共著）2012年
　　　　　『ケアマネージャー過去 5 年問題集　2008年度版』一橋出版（監修）2008年

小木曽 加奈子
おぎそ かなこ

現　職　岐阜大学准教授
主要著書　『地方都市「消滅」を乗り越える！ 岐阜県山県市からの提言』中央法規（編著）2016年
　　　　　『高齢者ケアの質を高めるる ICF を活かしたケアプロセス』学文社（編著）2015年
　　　　　『認知症がある人をケアする』学文社（監修・編著）2012年　など他多数

介護職のための医療的ケアの知識と技術
―ポートフォリオを活用して自らの成長を育む―

◎検印省略

2016年8月10日　第一版第一刷発行

編著者　平　澤　泰　子
　　　　小木曽　加奈子
発行所　株式会社　学　文　社
発行者　田　中　千津子

〒 153-0064　東京都目黒区下目黒 3－6－1
電話 03（3715）1501　振替 00130－9－98842
http://www.gakubunsha.com

落丁，乱丁本は，本社にてお取替え致します。
定価は売上カード，カバーに表示してあります。

印刷／東光整版印刷株式会社

ISBN 978-4-7620-2659-1
©2016 Hirasawa Ysasuko & Ogiso Kanako Printed in Japan